NOUVEAU TRAITÉ

DE

VERSIFICATION LATINE.

PARIS, IMPRIMERIE LE NORMANT,
rue de Seine, 8, F. S. G.

NOUVEAU TRAITÉ

DE

VERSIFICATION LATINE,

OÙ LES RÈGLES DE LA QUANTITÉ ONT ÉTÉ MISES EN VERS LATINS
ET EXPLIQUÉES EN FRANÇAIS;

PAR M. L'ABBÉ BONNEVIALLE,
Ancien professeur de rhétorique,

ET M. L'ABBÉ GOULESQUE,
Professeur de troisième.

LIBRAIRIE DE J.-B. PAYA, ÉDITEUR,

PARIS,
Rue de Seine, F. S.-G., 6 bis,
HÔTEL MIRABEAU.

TOULOUSE,
Rue Croix-Baraignon, 9,
HÔTEL CASTELLANE.

1838.

NOUVEAU TRAITÉ

DE

VERSIFICATION LATINE,

OÙ LES RÈGLES DE LA QUANTITÉ ONT ÉTÉ MISES EN VERS LATINS
ET EXPLIQUÉES EN FRANÇAIS;

PAR M. L'ABBÉ BONNEVIALLE,

Ancien professeur de rhétorique,

ET M. L'ABBÉ GOULESQUE,

Professeur de troisième.

<table>
<tr><td>PARIS,
Rue de Seine, F. S.-G., 6 bis,
HÔTEL MIRABEAU.</td><td>TOULOUSE,
Bon et Privat, libraires,
HÔTEL CASTELLANE.</td></tr>
</table>

1840.

ALUMNIS DILECTISSIMIS.

O quos Parnassi gratos conscendere montes
    Nobilis urget amor, panditur ecce via.
Non vos obscurum per iter, neque in aspera saxa
    Ducimus; at facili tramite cursus erit.
Pergite! mox vatum cantus audire juvabit,
    Et varios Musæ quos docuêre modos:
Forsan et, ingenium studio firmante, licebit
    Carmina Castaliis jungere vestra choris.

PREFACE.

La versification latine est regardée par les grands maîtres comme une partie essentielle de l'instruction, et la jeunesse en la cultivant en a toujours retiré beaucoup de fruit. Cet exercice familiarise avec une langue peu connue, dont il apprend les richesses et découvre les secrets; il accoutume à penser, à sentir; il impose à une imagination encore déréglée les lois sévères de la mesure et de l'harmonie; enfin il facilite la composition, excite l'enthousiasme et sert à jeter les premiers fondemens de l'éloquence.

Au reste, celui-là même qui ne serait point né sous un astre favorable, et qui ne pourrait se promettre des succès dans l'art des vers, ne serait guère moins obligé d'en étudier les règles. Elles lui sont indispensables pour former son esprit à l'école des poëtes latins, et pour lire avec connaissance de cause leurs ouvrages immortels. Bien plus, celui qui n'a pas appris la mesure des syllabes ne peut prononcer un vers sans le défigurer, et sans choquer tous ceux dont l'oreille est sensible à l'harmonie.

De là l'utilité d'une méthode courte et facile pour apprendre les règles de la versification latine, et en premier lieu celles de la quantité.

On a beau dire qu'elles s'apprennent par le seul usage de la versification; ce moyen serait d'abord plus long et plus pénible qu'une étude préliminaire; et puis ne faudrait-il pas coordonner les connaissances acquises par l'usage, et les réduire en principes?

La prose ne suffit pas pour graver dans l'esprit toutes ces règles marquées au coin de l'uniformité. Comment le jeune élève, si la mesure ne venait à son secours, pourrait-il les retenir, et départir sans méprise à chaque syllabe le mot de brève, de longue ou de douteuse qui doit lui être assigné?

Le rhythme de la poésie française est l'ami de la mémoire; mais une matière aussi sèche et aussi monotone ne saurait se prêter à la rime. Nous croyons (et ce n'est pas sans l'avoir examiné de près) qu'il est impossible de composer une prosodie latine en vers français tant soit peu raisonnables.

C'est donc en vers latins qu'il convient d'apprendre les règles de la quantité. Ainsi le voulait Rollin, ainsi l'a-t-on pratiqué long-temps dans les écoles; et l'expérience a souvent démontré que ces vers une fois appris, et cités fréquemment, se gravent dans l'esprit en caractères ineffaçables.

Cependant les vers de Despautère sont rudes, obscurs et rebutans. Plus d'une fois on a cherché à faire disparaître ces défauts ; il nous a semblé que ce but n'était pas encore atteint. A notre tour, nous essayons d'aplanir la route du Parnasse, et puisse le succès seconder nos efforts !

Nous espérons que les règles que nous publions aujourd'hui, d'ailleurs plus complètes que celles qui les ont précédées, paraîtront courtes, claires, simples et faciles. Du reste, nous ne prétendons pas qu'un style aussi laconique se suffise à lui-même. En regard de nos vers latins, nous avons placé une explication en français : si on lit avec soin cette explication, il sera impossible de ne pas entendre les règles ; si on étudie le texte latin, on ne pourra que les retenir.

A l'explication nous avons joint des vers qui servent d'exemple à la règle, et qui en facilitent l'application. Ces vers ne sont pas pris au hasard ; mais, dans le choix que nous en avons fait, nous avons préféré ceux qui, avec un sens complet et détaché, présentent un rapport direct aux belles-lettres ou aux mœurs. Le jeune humaniste les reverra la plupart dans les auteurs classiques d'où ils sont tirés ; et alors il éprouvera le même plaisir que ressent un voyageur lorsque dans une contrée inconnue il aperçoit le visage d'un ami.

Dès qu'il sait la mesure des syllabes, l'élève doit être exercé à la versification, et se former au rhythme des différentes sortes de vers. En lui donnant sur ce sujet les notions nécessaires pour qu'il puisse lire et imiter, nous avons dû insister principalement sur l'héxamètre et le pentamètre, qui tiennent le premier rang dans la poésie latine, et dont l'usage est plus universel.

Formé au mécanisme du vers, l'élève doit être enfin initié aux secrets du style poétique, mine féconde qu'il ne s'agissait pour nous que de lui découvrir, et dans laquelle il puisera les trésors de la vraie poésie. Dans cet ouvrage élémentaire, sans rien négliger d'important, nous avons pris à tâche de ne pas nous livrer à des détails minutieux, qui surchargeraient inutilement la mémoire, et jetteraient de la confusion dans les idées. Le travail, le goût, la lecture des poètes et les leçons d'un maître suppléeront aux développemens que les bornes de ce traité nous ont obligés de supprimer.

NOUVEAU TRAITÉ

DE

VERSIFICATION LATINE.

Ce traité sera divisé en trois parties : dans la première, nous ferons connaître la quantité ou mesure des syllabes ; dans la seconde, nous parlerons des différentes sortes de vers ; dans la troisième, du style poétique.

Ire PARTIE.

DE LA QUANTITÉ.

NOTIONS PRÉLIMINAIRES.

Des syllabes.

La quantité est la mesure du temps qu'on doit mettre à prononcer les syllabes.

Les syllabes sont longues, ou brèves, ou communes.

Les syllabes longues se prononcent lentement ; elles sont marquées d'un trait horizontal, comme dans ce mot, vīrtūtēs.

Les syllabes brèves se prononcent rapidement, et sont marquées par un demi-cercle concave, DŎMĬNĔ.

La syllabe commune ou douteuse peut être, au gré du poète, longue ou brève dans le vers; mais en prose on la prononce toujours brève : elle est marquée de ce signe, TENĔBRÆ.

Les syllabes finales, brèves de leur nature, et qui peuvent devenir longues parce qu'elles seraient placées devant une consonne, sont ainsi désignées : CORPŬS, ĪDĔGĬT.

Des pieds.

Le pied est composé d'un certain nombre de syllabes.

Il y a plusieurs sortes de pieds, suivant le nombre et la quantité des syllabes qui les composent.

Les principaux sont le *spondée*, formé de deux syllabes longues, MŪSÆ; le *pyrrhique*, de deux brèves, DĔŬs, ĔX.

Le *trochée*, composé d'une longue et d'une brève, MĒNSĂ, TĒMPLĂ; l'*iambe*, d'une brève et d'une longue, VĬRŪM, CĂNŌ.

Le *dactyle*, composé d'une longue et de deux brèves, ŌMNĬĂ, PĒRGĬTĔ; l'*anapeste*, de deux brèves et d'une longue, DŎMĬNŌS.

Le *tribraque*, formé de trois brèves, CĂNĬTĔ; le *molosse*, de trois longues, PRŪDĒNTĒS.

Les autres pieds de trois syllabes et ceux de quatre sont peu utiles pour la mesure des vers.

La syllabe qui reste d'un mot après un pied s'appelle *césure :* SĪCĔLĬ | DĒS MŪ | SÆ.

Des vers.

Le vers est un arrangement de pieds.

Il y a plusieurs espèces de vers, suivant le nombre et la nature des pieds dont ils sont composés. Ces différentes sortes de vers devant faire le sujet de la seconde partie de ce Traité, nous ne donnerons ici que quelques notions indispensables sur l'*hexamètre* et le *pentamètre*.

L'hexamètre se compose de six pieds dont les quatre premiers

sont dactyle ou spondées ; le cinquième est un dactyle et le
sixième un spondée.

Āspĭcĕ, | vēntŏ | sī cĕcĭ | dērūnt | mūrmŭrĭs | aūræ. *Virg.*
Āspĭcĕ | labēn | tēs jū | cūndō | mūrmŭrĕ | rīvōs. *Ov*

Le pentamètre est composé de quatre pieds et de deux césures :
les deux premiers pieds sont dactyles ou spondées ; ils sont suivis
d'une césure longue ; les deux autres sont des dactyles, après
lesquels vient la seconde césure :

   Non sunt apta meæ grandia vela rati. *Ov.*
   Dīmĭdĭ | ūm cœp | tī ‖ quī bĕnĕ | cœpĭt hă | bĕt. *Ov.*

Nota. La dernière syllabe de tout vers peut être longue ou
brève, à volonté.

RÈGLES DE LA QUANTITÉ.

CHAPITRE Ier.

RÈGLES GÉNÉRALES.

❧ 1 ❧

Voyelle suivie de deux consonnes ou d'une lettre double.

Consona si sequitur bina, aut si littera duplex,
Protrahe vocalem quæ non erit ultima vocis :
Excipe cum bijugo conformia. Scanditur anceps
Vocalis, modò non longâ radice trahatur,
Cum mutâ liquidam si postera syllaba jungat.

EXPLICATION

DES RÈGLES DE LA QUANTITÉ.

§ 1

Une voyelle est longue lorsqu'elle est suivie de deux con-
sonnes ou de l'une des lettres doubles j, x, z :

> Dura tamēn mōlli sāxa cavāntur aquâ. *Ov.*

Cette règle n'a point lieu lorsque la voyelle est finale, et que
par-là même les deux consonnes ou la lettre double appartiennent
au mot suivant; c'est donc par licence que Virgile a dit :

> Ferte citi ferrum, date telā, scandite muros.

Elle n'a pas lieu non plus dans bĭjugus, trĭjugus, trĭjugis,
quadrĭjugus :

> Quadrĭjugo vehitur curru rex ipse Latinus. *Virg.*

Si la voyelle est placée devant une muette et une liquide réu-
nies dans la syllabe suivante, elle est douteuse, à moins qu'elle
ne soit longue de sa nature: Pătris, sŭpremus, tenĕbræ, prŏpriè.

> Nox tenĕbras profert; Phœbus fugat indè tenēbras. *Ov.*

Lorsque la muette et la liquide appartiennent à deux syllabes
différentes, la voyelle qui les précède est longue : āb-latus,
ōb-rideo, ōb-repo.

> Verum opere in longo fas est ōbrepĕre somnum. *Hor.*

Quand la syllabe est longue de sa nature, elle reste longue :
māter, mātris; frāter, frātris; arātor, arātrum.

> Incipe, parve puer, risu cognoscere mātrem. *Virg.*

❧ 2 ☙

Voyelle suivie d'une autre voyelle.

Sit brevis antè aliam verbo vocalis eodem :
Non ĀER, ĀIO, non E finalis IĒI,
Et sine R FĪO; sic ĒHEU, ĀIUS et ĒIUS,
Multaque græca. NŏË, MARĬAM variabis et ŏHE;
Sic ĭus patrio : ALTERĬUS breve, profer ALĪUS.

Les consonnes L, R *sont appelées liquides, parce que la prononciation en est facile et coulante. Toutes les autres consonnes
sont muettes; cependant* M, N *sont encore regardées comme
liquides dans les mots qui viennent du grec.*

NOTA. *Si la règle précédente, ou toute autre règle générale
comprise dans le premier chapitre, se trouvait en opposition
avec l'une des règles particulières renfermées dans les chapitres
suivans, c'est la règle générale qui l'emporterait sur la règle
particulière. Ainsi, malgré la règle* 9, *re sera long dans* rē-
picio, rējicio ; *douteux dans* rĕfræno.

❧ 2 ❧

*Une voyelle suivie d'une autre voyelle dans le même mot, est
brève :* Dĕus, ingenĭum, impĭa, fŭerat.

*La règle a également lieu lorsque les deux voyelles ne sont
séparées que par la lettre* H :

> Ingenĭum quondàm fŭerat pretĭosĭus auro ;
> At nunc barbarĭes grandis habere nĭhil. *Ov.*

EXCEPTIONS. 1º A *est long dans* āer *et* (*règle* 6) *dans son dé-
rivé* āerius ; *dans* āio *et les autres personnes du même verbe où
l'*A *est suivi de deux voyelles,* āiebat, āiebant :

> Quintilio si quid recitares, corrige, sodes,
> Hoc, āiebat, et hoc. *Hor.*

2º E *est long dans la terminaison* iēi, *c'est-à-dire dans les
noms de la* 5ᵉ *déclinaison où l'*E *est entre deux* I, diēi, speciēi :

> Nec te sollicitet venturæ cura diēi.

3º I *est long dans les temps de* fio *où le* R *n'entre point :* fīet,
fīebant, fīat. *Ceux où le* R *se trouve rentrent dans la règle
générale :*

> Omnia jam fīent, fīeri quæ posse negabam. *Ov.*

4º *La première syllabe est longue dans* ēheu, *dans les terminaisons des noms propres en* āius, ēius ; Cāius, Pompēius :

> Nec quemquam jam ferre potest Cæsarve priorem
> Pompēiusve parem. *Luc.*

>·3·<

Contraction.

Vocalem pariet quævis contractio longam.

5º *Les noms grecs qui ont dans leur racine un* η *ou un* ω , *et la plupart des noms propres grecs en* aïs , aüs , aon , ion , *font encore exception à la règle :* Medēa , Trōes , Lāïs , Menelāüs , Lycāon , Ixīon.

> Sit Medēa ferox invictaque , flebilis Ino ,
> Perfidus Ixīon , Īo vaga , tristis Orestes. *Hor.*

6º O *est douteux dans* Nŏe *et dans* ŏhe ; ı *l'est aussi dans le nom propre* Marĭa.

7º I *est encore douteux dans les génitifs en* ius , unĭus , totĭus ; *cependant il est toujours bref dans* alterĭus , *et dans* alīus *toujours long :*

> Mutat enim mundi naturam totĭus ætas. *Lucr.*
> ....̄.. Præter laudem nullīus avaris. *Hor.*
> Invidus alterĭus macrescit rebus opimis. *Hor.*

☞ 3 ☜

Toute contraction rend longue la voyelle qui en résulte.

La contraction est la réunion de deux syllabes en une seule dans le même mot. Elle peut avoir lieu dans l'orthographe du mot, comme dans cōgo *de* coago , *dans* nōrim *pour* noverim ; *ou seulement dans la mesure du vers : alors le mot conserve son orthographe, mais le poète ne compte qu'une syllabe pour la mesure : ainsi* dii , deindè , assuetus *peuvent se scander comme s'il y avait* dī , dīndè , assētus.

> .... Quid non mortàlia pectora cōgis ,
> Auri sacra fames ? *Virg.*
> O fortunatos nimium , sua si bona nōrint ;
> Agricolæ ! *Virg.*
> ..... Adeò in teneris assuēscére multùm est ! *Hor.*

Du reste, voici les mots que l'on peut contracter dans la mesure du vers, sans en changer l'orthographe : anteāmbulo , antēis , cuī , deēst , deērat , dehīnc , deīn , deīndè , deōrsùm , dii , diīs , huīc , iidem , iis , proīn , proūt , prehēnderc , seōrsùm , suādeo , suāvis , suēsco ; *rarement* alveārium ; alveūs , aureīs ,

⚡ 4 ⚡

Diphthongues.

Diphthongum produc, nisi PRÆ vocale sequenti.

⚡ 5 ⚡

Élision.

Finalem elidas M vocalemve sequente
Vocali : AH tollas, HEU, o quod tunc erit anceps;
Sic PROH, HEI et IO, VAH, VÆ elidere noli.

CHAPITRE II.

DES MOTS DÉRIVÉS ET DES COMPOSÉS.

⚡ 6 ⚡

Mots dérivés.

Sæpiùs orta suæ normam radicis habebunt.

denariis , æreī , cādem, eōdem. *Virgile a dit* āriĕtĕ crebro , gē-
nuă lăbant , *au lieu de* ărĭĕtĕ... gĕnŭă... *Dans ces deux cas
et dans tous les cas semblables , les voyelles* ı, v *se changent
en leurs consonnes correspondantes ,* ȷ , v.

⊱ 4 ⊰

Toutes les diphthongues sont longues : musæ, aūra, Eūrus.

Felix quem faciunt aliena pericula caūtum. *Ovid.*

Cependant præ *est bref lorsqu'il est suivi d'une voyelle dans
le même mot, comme dans* præacutus, præĭt, præĕrat :

. Pauperibus quicumque præes, mitissimus esto.

⊱ 5 ⊰

M *final avec la voyelle qui le précède, et toute voyelle (ou
diphthongue) finale, s'élident devant une voyelle ou la lettre* н :
curam age, ille ego, cœnæ hora, *scandez* cūr' ăgĕ, īll' ĕgŏ,
cœn' hōra.

Tecum habita , et noris quàm sit tibi curta supellex. *Pers.*

On n'élide pas les mots suivans : ah , heu, proh, hei , io , vah,
væ , o *qui alors devient douteux :*

Heū ! ubi pacta fides? *Virg.*

⊱ 6 ⊰

Les dérivés conservent ordinairement la mesure de leur racine.
D'après cette règle , 1° *hors les crémens et les finales, tous
les cas des noms obliques conservent la quantité du nominatif,
et toutes les personnes des verbes la quantité de la première personne du présent de l'indicatif :* mūsa , mūsam; sŏror, sŏrorĭs;
hăbĭto, hăbĭtas, hăbĭtaverat, etc.
2° *Les mots formés d'un autre mot ont la même quantité que
leur primitif, pour les syllabes qui sont communes au primitif et*

&c; 7 &c;

Mots composés.

Compositum retinet mensuram simplicis , etsi

Diphthongus vel vocalis mutetur in illo :

aux dérivés : tels sont de ămo, ămŏr, ămīcŭs, ămīcitĭa ; de făcĭo, făcĭlis, făcĭnus ; de mĕdĭcus, mĕdĭcor, mĕdĭcina, mĕdĭcamentum.

Īracundaque mens facĭlè effervescit in īras. *Lucr.*

Da rĕquĭem , rĕquĭetus ager benè credita reddit. *Ov.*

Cette règle souffre beaucoup d'exceptions ; voici les principales :

PRIMITIFS.	DÉRIVÉS.
Dīco.	Dĭcax , dĭcacitas.
Dūco.	Dux , dŭcis.
Fŏveo	Fōmes, fŏmentum.
Fīdo	Fĭdes, fĭdelis , fĭdeliter, fĭdius.
Frāngo	Frăgilis , frăgor, confrăgosus.
Hŭmus	Hūmanus.
Jŭvo	Jūcundus.
Jŭgum.	Jūger, jūgerum.
Jŭvenis.	Jūnior.
Lăteo.	Lāterna.
Lĕgo	Lex , lēgis.
Lĭno.	Līnea.
Lūceo	Lŭcerna.
Măcer.	Mācero.
Nătu (supin de no).	Nāto , as.
Nĭteo.	Nītello.
Nōtum (supin de nosco).	Nŏto , as.
Nŏvem	Nōnus.
Pōno.	Pŏsui.
Pŏssum.	Pŏtŭi.
Rĕgo.	Rēgula.
Sĕdeo.	Sēdes , is.
Sōpio.	Sŏpor, sŏporus, sŏporo, sŏporifer.
Sōlvo.	Sŏlutum.
Tĕgo.	Tēgula.
Vŏco.	Vox , ōcis.
Vōlvo	Vŏlutum , vŏluto , as.

► 7 ◄

Le mot composé garde la mesure du simple , lors même qu'il y aurait changement de voyelle ou de diphthongue : prŏbus,

Non DĬCUS à DĪCO, à JŪRO non DEJĔRO ; NŌTUM

AGNĬTA dat ; NŪBO INNŬBA ; CONNŬBIŬM U tenet anceps ;

HĪLUM dat NIHĬLUM ; sic SŌPIO SEMISŌPITUS.

⚜ 8 ⚜

Suite des mots composés.

Compositis finalem A sic o, parte priori,

Produc : ast HŎDIÈ tollas, QUŎQUE multaque græca.

Corripe compositis E et $\frac{1}{Y}$, sic et U, parte priori :

Anceps QUOTĬDIÈ ; sint cætera nata DIEI

Longa ; sit hic ĪDEM, BĪGÆ, TIBĪCEN, IBĪDEM.

Partibus integris, sua sit mensura priori.

imprŏbus; stătuo, instĭtuo; æquus, inīquus; aūdio, obēdio.

. . . . Prŏbĭtas laudatur et alget. *Juv.*
Imprŏbĭtas ipsos audet tentare parentes. *Juv.*
Lumina nox claūdit. *Ov.*
      Forsitan inclūdet crastina fata dies. *Ov.*

Exceptez de dīco *les adjectifs en* dicus, causidĭcus, fatidĭcus,
veridĭcus; *de* jūro dejĕro, pejĕro; *de* nōtum agnĭtus *et* cognĭ-
tus; *de* nūbo innŭbus, pronŭbus *et* subnŭba (u *est douteux dans*
connŭbium). *Exceptez encore de* hīlum nihĭlum; *de* sōpio
semisŏpitus :

. . . . Nec desit ponderis hīlum. *Luc.*
      Stultitiâne erret nihĭlum distabit an irâ. *Hor.*

✻ 8 ✻

Les voyelles ʌ, o *terminant la première partie d'un mot composé, sont longues :* aliquātenus, quāpropter, nōlo, quōcircà,
quōnam, lagōpus.

      Nōlo virum facili redimit qui sanguine famam. *Mart.*

EXCEPTION. O *est bref dans* hŏdiè, quŏque *et dans presque
tous les mots qui viennent du grec*, Argŏnauta, Hippŏlytus,
Nicŏlaüs, Timŏtheus :

      Qui non est hŏdiè, cras minùs aptus erit. *Ov.*

Les voyelles ɛ, ı, ʏ, ʋ, *terminant la première partie d'un
mot composé, sont brèves :* nĕfas, nĕque, archĕtypus; lucĭfer,
velĭvolus, sonĭpes, rurĭcola, Polўdorus, Artўmedusa; quadrŭ-
pes, Trojŭgena, Grajŭgena.

      Multĭloquos odi, turba recede loquax. *Ov.*

EXCEPTION. I *est douteux dans* quotĭdiè; *il est long dans les
autres composés de* dies, meridīes, bīduum, trīduum, quatrī-
duum; *dans le pronom* īdem *au masculin; dans* bīgæ, quadrī-
gæ, tibīcen *et* ilīdem :

. . . . Qui pythia cantat
      Tibīcen, didicit priùs extimuitque magistrum. *Hor.*

⪼ 9 ⪻

Suite des mots composés.

Ā longum , Ē, DĔ, DĬ, SĒ, TRĀ, VĒ : tolle DĬSERTUS
Et DĬRIMO. Brevies ĂB , ĂD , ĂN , PĔR , ĬN, ŎB , SUPĔR , ANTĔ ,
CŎM , CIRCŬM , PRÆTĔR , RĔ, SŬB ; à RES protrahe REFERT.

On trouve quelquefois E *long dans* liquefacio, rarefacio, tepe-facio.

Si les deux parties d'un mot composé sont entières, c'est-à-dire si elles présentent en entier les deux mots tels qu'ils seraient s'ils étaient séparés, la premièrs partie conserve sa mesure, celle qu'elle aurait hors du mot composé : quāre, mē-cum, tē-cum, sē-cum, nē-quandò; unī-cuique, scī-licet, magnī-pendo, ubĭ-vis; quandŏ-quidem, quō-cum, quō-vis.

Quāre agite, o juvenes. *Virg.*
Scilicet in vulgus manant exempla regentum. *Claud.*

Ceci peut s'appliquer même aux composés dont la première partie serait terminée par une consonne : vĕl-uti, sīc-uti.

Nota. *La première syllabe est brève dans* sĭ-quidem.

⇒ 9 ⇐

Les particules a, e, de, di, se, tra, ve, *sont longues dans les mots composés :* āmitto, ēduco, dēpono, diligo, sēligo, trāno, vēsanus :

Sed tamen āmoto quæramus seria ludo. *Hor.*
Dēdecet ingenuas languens ignavia mentes. *Virg.*
Sume animos, nec te vēsano trāde dolori. *Virg.*

Exception. Di *est bref dans* dĭsertus *et* dĭrimo :

In causa facili, cuivis licet esse dĭsertum. *Hor.*
Res est arbitrio non dĭrimenda meo. *Ov.*

Les particules ab, ad, an, per, in, ob, super, ante, com, circum, præter *et* inter, re, sub *sont brèves dans les mots composés :* ăbeo, ădeo, ănhelo, pĕrago, ĭneo, ŏbeo, supĕreo, antĕpono, cŏmitor, circŭmago, prætĕreo, intĕreo, rĕdeo, sŭbeo.

. . . . Nescit vox missa rĕverti. *Hor.*
Jam veniet tenebris mors ădoperta caput. *Tib.*

Exception. Re *est long dans l'impersonnel* rēfert *qui est formé de* res :

Nec rēfert quidquam quo victu corpus alatur. *Lucr.*

❧ 10 ❧

Suite des mots composés.

Prō trahe : tolle PRŎCELLA , PRŎCUSQUE , PRŎFANA , PRŎFARI ;
Junge PRŎFECTA , PRŎFECTO , PRŎFESSA , PRŎFESTA , PRŎFUNDA ;
Sic PRŎFUGUS , PRŎNEPOSQUE PRŎTERVAQUE verbaque græca. :
PRŎCUMBO varia , PRŎCURO , PRŎFUNDO , PRŎPAGO ,
PRŎPELLO , PRŎPINO , PRŎPULSO ; PRŎLOGUS adde.

CHAPITRE III.

DES PARFAITS, DES SUPINS ET DES PARTICIPES.

❧ 11 ❧

Parfaits.

Præterita usque tenent primam dissyllaba longam :
Orta BIBO , FINDO , SCINDO , STO , DO , FERO tollas.

✠ 10 ✠

La préposition pro *est longue dans les mots composés :* prō-
cedo, prōficio, prōmitto, prōvideo.

Verbaque prōvisam rem non invita sequentur. *Hor.*

Exceptions. Pro *est bref dans les mots suivans :* prŏcella *et*
prŏcello, prŏcus, prŏfanus, prŏfari, prŏficiscor, prŏfectò, prŏfessus, prŏfestus, prŏfundus, prŏfugus, prŏnepos, prŏtervus; *il
est encore bref dans les mots grecs :* Prŏmetheus, prŏpheta,
Prŏpontis, etc.

.... Prŏfessus grandia turget ;
Serpit humi tutus nimium timidusque prŏcellæ. *Hor.*
Euxinumque ferens parvo ruit ore Prŏpontis. *Luc.*

Pro *est douteux dans* prŏcumbo, prŏcuro, prŏfundo, prŏpago
nom et verbe, prŏpello, prŏpino, prŏpulso, *et dans le mot grec*
prŏlogus :

Sternitur, exanimisque tremens prōcumbit humi bos. *Virg.*
.... Poplitesque prŏcumbunt. *Virg.*

✠ 11 ✠

*Les parfaits de deux syllabes, et les temps qui en dérivent,
ont la première longue :* vēni, vīdi, vīci, vīceram, vīcero, *etc.*

.... Non ego paucis
Offendar maculis, quas aut incuria fūdit
Aut humana parùm cāvit natura. *Hor.*

Exception. *La première syllabe est brève dans les six prété-
rits qui suivent :* bĭbi, fĭdi, scĭdi, stĕti, dĕdi, tŭli.

Omne tŭlit punctum qui miscuit utile dulci. *Hor.*

⋟ 12 ⋞

Parfaits redoublés.

Præterito primam geminanti, corripe binam.
Tolle CECĪDI à CÆDO fluens, à PEDO PEPĒDI.

⋟ 13 ⋞

Supins.

Esto vocalis penultima longa supinis :
At sit ĬTUM breve, præteritum nisi terminet IVI.
Sint brevia orta SERO, CIEO, DO, STO, RUO, SISTO ;
Adde LINO, SINO, EO, REOR et quæ nata supinâ.

☞ 12 ☜

*Les parfaits qui redoublent la première syllabe du présent
font brèves les deux syllabes qui résultent de ce redoublement :*
cĕcĭni, dĭdĭci , tĕtĭgi.

Vile solum Sparta est ; altæ cĕcĭdere Mycenæ.

EXCEPTION. *La seconde syllabe est longue dans* cĕcīdi *venant
de* cædo, *et dans* pĕpēdi *de* pedo, *dont la racine grecque* πέρδω
a sa première syllabe longue :

Ebrius ac petulans qui nullum forte cĕcīdit.
Nam quantùm displosa sonat vesica pĕpēdi. *Hor.*

☞ 13 ☜

La pénultième des supins est longue : amātum, occīsum ,
lūsum , audītum :

Spectātum admissi risum teneatis , amici. *Hor.*
Lūsum it Mæcenas, dormītum ego Virgiliusque. *Hor.*

EXCEPTIONS. 1° *Les supins en* itum *ont leur pénultième brève :*
cubĭtum, monĭtum , prodĭtum.
Cependant, si le prétérit est en ivi, *la pénultième du supin
est longue :* audivi, ītum , linivi, ītum, nutrivi, ītum. *Pour les
verbes déponens, on suppose un parfait actif, suivant la conjugaison à laquelle ils appartiennent ; ainsi, pour* blandītum , *on
suppose un prétérit* blandīvi.
2° *La pénultième est encore brève dans les supins de* sero ,
cieo, do, sto, ruo, sisto, lino, sino, eo, reor : sătum, cĭtum,
dătum , stătum, rŭtum, stătum , lĭtum, sĭtum, ĭtum, rătum,
ainsi que dans leurs composés* habĭtum , obrŭtum , circumdă-
tum , etc.

14

Participes.

Participantis erit normam servare supini :
Hâc tamen AMBĪTUS , STĀTURUS lege recedunt.

CHAPITRE IV.

DES CRÉMENS.

CRÉMENS DES NOMS ET DES ADJECTIFS.

CRÉMENS DU SINGULIER.

ꝏ 14 ꝏ

*Les participes gardent la quantité des supins dont ils sont
formés* (6) : amātum , amātus; monĭtum, monĭtus :

> Singula quæque locum teneant sortīta decenter. *Hor.*
> Nātus es è scopulis, nutrītus lacte ferino. *Ov.*

Cependant ambitus *et* staturus *s'écartent de la règle :* ambitus
a sa pénultième longue, quoiqu'elle soit brève dans ambĭtum ,
et ʌ bref dans stătum *devient long dans* stāturus.

––––––

*Le crément est un accroissement de syllabes qui a lieu dans
les noms, les adjectifs et les verbes. La dernière syllabe d'un
mot n'est jamais comprise dans les crémens : on les compte en
partant de la pénultième et en remontant. Cependant l'ordre
des crémens est le même que l'ordre des syllabes; ainsi, en
supposant deux crémens dans* itineris, ti *est le premier, ne le
second.*

*Il y a crément dans les noms, lorsque les cas obliques ont
plus de syllabes que le nominatif; le nombre des crémens égale
celui des syllabes excédantes.*

Il faut distinguer les crémens du singulier et ceux du pluriel.
*Il y a crément du singulier, lorsque dans ce nombre les cas
obliques ont plus de syllabes que le nominatif; ainsi , on trouve
un crément du singulier dans* virtūtis, *deux dans* jecĭnŏris.
*Il y a crément du pluriel, lorsque les cas obliques du pluriel
ont plus de syllabes que le nominatif de ce même nombre :* rosārum, virtutĭbus *renferment un crément du pluriel.*
*Les adjectifs suivent pour les crémens la déclinaison à la-
quelle ils appartiennent.*
*Les crémens du singulier et ceux du pluriel sont soumis à
des règles différentes.*
La première déclinaison n'a point de crément au singulier :
rosa, rosæ, rosam ; comete, cometes, etc.

3

⋟ 15 ⋞

Crément de la deuxième déclinaison.

Esto secunda brevis : cum nato profer IBĒRUM.

⋟ 16 ⋞

A crément de la troisième déclinaison.

A longum ternâ; sed Ăbis breve, Ădisque sălisque;
Corripe ABAX et ATAX , ATRAX , cum DROPĂCE CLIMAX ,
SMILĂCIS atque FĂCIS , STORĂCISQUE; AL , AR adde virorum ,
Neutrum in A, NECTAR, ANAS, MAS, BACCHAR, PAR, JUBAR, HEPAR.

❧ 15 ❧

Le crément du singulier est bref dans les noms de la seconde déclinaison : puĕri , vĭri , tenĕri :

Os tenerum puĕri balbumque poeta figurat. *Hor.*

Exception. Iber *et son composé* Celtiber *font leur crément long*, Ibēri , Celtibēri :

. . . . Celtæ miscentes nomen Ibēris. *Luc.*

❧ 16 ❧

A crément du singulier est long dans la troisième déclinaison : animal, ālis, calcar, āris, ætas, ātis, voluptas, ātis.

Ficta voluptātis causâ sint proxima veris. *Hor.*

Exceptions. A *crément est bref,* 1º *dans les mots terminés en* abs, abis : Arabs , ăbis , trabs , ăbis; *dans les noms en* as , adis : dromas, ădis, lampas, ădis, vas, ădis , *ainsi que dans* sal, ălis :

Qui benè placárit Pallăda doctus erit. *Ov.*
At tu romano lepidos săle tinge libellos. *Mart.*

2º *Dans les noms suivans terminés en* ax : abax , ăcis, Atax , ăcis, Atrax, ăcis, dropax, ăcis, climax , ăcis, smilax, ăcis, fax , ăcis, storax , ăcis :

Smyrna cavas Atrăcis penitùs mittetur ad undas. *Catul.*
Ausoniis gradus est quem Graii climăca dicunt.

3º *Dans les noms d'homme terminés en* al *ou en* ar : Annibal , ălis, Cæsar, ăris.

Aut si tantus amor scribendi te rapit, aude
Cæsăris invicti res dicere. *Hor.*

⚘ 17 ⚘

E crément de la troisième déclinaison.

Sit breve E : PLEBS, HALEC, VERVEX, FEX MELCHISEDECHque.
Longa; HÆRES, MERCES, LEX et REX, ĒLIS et ĒNIS
(At breve HYMEN), SEPS, BIZER, SER, VER; ÆTHĔRE dempto,
TĒRIS Græcorum ac ĒTIS, LOCUPLESQUE QUIESQUE.

4° *Dans les noms neutres terminés en* a : poema, ătis, thema, ătis; *ainsi que dans les noms suivans :* Nectar, ăris, anas, ătis, mas, ăris, bacchar, ăris, par, ăris *et ses composés*, jubar, ăris, hepar, ăris.

Dignior est sceptro et regni diademăte virtus. *Mart.*

It portus jubăre exorto delecta juventus. *Virg.*

>> 17 <<

E *crément du singulier est bref dans les noms de la troisième déclinaison :* grex, ĕgis, hyems, ĕmis, munus, ĕris, seges, ĕtis.

Stultorum incurata malus pudor ulcĕra celat. *Hor.*

EXCEPTIONS. E *crément est long,* 1° *dans* plebs, ēbis, halec, ēcis, fex, ēcis, vervex, ēcis, Melchisedech, ēcis :

Non ego ventosæ venor suffragia plēbis. *Hor.*

2° *Dans* hæres, ēdis *et* merces, ēdis; *dans* lex, ēgis *et* rex, ēgis :

Displicet hærēdi mandati cura sepulchri. *Hor.*

3° *Dans les noms hébreux en* el, elis : Daniel, ēlis, Gabriel, ēlis; *et dans les noms qui font* enis *au génitif :* siren, ēnis, splen, ēnis; Eden, ēnis, Anio, ēnis. (Hymen *fait cependant son crément bref*) :

Quid faciam ? sed sum petulanti splēne cachinno. *Pers.*

4° *Dans* seps, ēpis, Bizer, ēris, Ser, ēris, ver, ēris; *à l'exception de* æther, ĕris, *dans les noms grecs qui ont le génitif en* teris *ou en* etis : crater, ēris, character, ēris,

❧ 18 ☙

I et *Y* crémens de la troisième déclinaison.

Sit breve $\frac{\mathrm{i}}{\mathrm{y}}$, non VIBEX, IX, ĪCIS : corripe FORNIX,
Coxendix et Eryx, HYSTRIXque CAL$\frac{\mathrm{I}}{\mathrm{Y}}$xque SALIXque;
Dic Cilĭcem, filĭcem, larĭcem, varĭcemque pĭcemque;
Dic vĭcis : at Bebrix varia, et cum sandўce David.
In īnis produc, GRYPS, GLIS, VIS, ĪTIS et ex is.

magnes, ētis, tapes, ētis, Dares, ētis; *dans* locuples, ētis,
quies, ētis :

Vēre novo vestitur humus, vestitur et arbos. *M.*
.... Densis ictibus heros
Creber utraque manu pulsat versatque Darēta. *Virg.*
Tu lentus refoves jucundâ membra quiēte. *Virg.*

⊱ 18 ⊰

I *et* Y *crémens du singulier sont brefs dans les noms de la
troisième déclinaison :* homo, ĭnis, numen, ĭnis, princeps, ĭpis,
caput, ĭtis, martyr, y̆ris, onyx, y̆chis, styx, y̆gis. *Nous ob-
serverons ici que* I *est bref dans la finale des superlatifs :* doc-
tissĭmus, maxĭmus, prudentissĭmus, etc.

.... Est homĭni vigor et cœlestis origo. *Virg.*
Princĭpis est virtus maxĭma nosse suos. *Mart.*

EXCEPTIONS. I *crément est long,* 1° *dans* vibex, īcis, *et dans
les noms en* ix *qui ont le génitif en* icis : cervix, īcis, radix,
īcis, felix, īcis.

Contentâ cervīce trahunt stridentia plaustra. *Virg.*

I (*ou* Y) *crément est cependant bref dans* fornix, ĭcis, coxendix,
ĭcis, Eryx, y̆cis, hystrix, ĭcis, calix, ĭcis, calyx, y̆cis, salix,
ĭcis, cilix, ĭcis, filix, ĭcis, larix, ĭcis, varix, ĭcis, pix, ĭcis *et*
vīcis, *de* vix *inusité. Il est douteux dans* Bebryx, y̆cis, san-
dyx, y̆cis, David, ĭdis :

Varĭce succiso. *Hor.*

2° I (*ou* Y) *crément est long dans les noms en* in *qui font*
inis *au génitif :* Delphin, īnis, Salamin, īnis; *dans* gryps,

⚕ 19 ⚕

O crément de la troisième déclinaison.

Ó longum : SCROBS et PRÆCOX, ŏGIS, US ŏDIS aufer ;
Sæpius ON græcum ; sit ŏNIS breve nomine gentis ;
Sic ŏPIS : at CERCOPS, CYCLOPSque trahantur et HYDROPS.
OR breve sit neutris, UR, US ; OR breve nomine græco ;
Sic ARBOR, MEMOR atque LEPUS ; BOS, COMPOS et IMPOS.

ȳphis, glis, īris, vis, *pluriel* vīres (¹); *il est encore long dans les noms en* is *dont le génitif est en* itis , lis , ītis , dis , ītis :

. . . . Priamum Salamina petentem. *Virg*.
Līte vacent aures insanaque protinùs absint
Jurgia. *M*.

⪼ 19 ⪻

O *crément du singulier est long dans les noms de la troisième déclinaison :* sol , ōlis , sermo , ōnis , dolor, ōris, mos , ōris , ōs , ōris , ferox, ōcis.

Infandum , regina , jubes renovare dolōrem. *Virg*.

EXCEPTIONS. O *crément est bref,* 1º *dans* scrobs, ŏbis, præcox, ŏcis; *dans les noms qui ont le génitif en* ogis , Allobrox , ŏgis, *et dans les noms en* us odis : apus , ŏdis , tripus , ŏdis.

Rufum qui totiès Ciceronem Allobrŏga dixit. *Juv*.

2º *Dans la plupart des noms grecs en* on : Canon , ŏnis , Dæmon , ŏnis, Ixion , ŏnis , Strymon , ŏnis , *et dans les noms de peuple qui ont le génitif en* onis : Macedo , ŏnis, *etc*.

Strymŏna sic gelidum brumâ pellente relinquunt. *Luc*.

3º *Dans les noms en* ops , opis : inops , ŏpis, Dolops , ŏpis ; *excepté dans* cercops , ōpis, Cyclops , ōpis , hydrops , ōpis :

Effodiuntur ŏpes, irritamenta malorum. *Ov*.
Ferrum exercebant vasto Cyclōpes in antro. *Virg*.

---

(1) Le nominatif pluriel est considéré pour les crémens comme les cas obliques du singulier.

❧ 20 ❧

U crément de la troisième déclinaison.

Sit breve u : dic LŪCIS , POLLŪCIS; protrahe FRŪGIS
Cum FRŪGI; sic FUR, US ŪDIS et ŪRIS et ŪTIS :
At brevia PECŬDIS , LIGŬRISque; INTERCŬTIS adde.

4° *Dans les noms neutres en* or, *en* ur *et en* us : marmor, ŏris, ebur, ŏris, corpus, ŏris; *ainsi que dans les noms grecs en* or, Hector, ŏris, Nestor, ŏris, *etc.*

> Omne supervacuum pleno de pectŏre manat. *Hor.*
> Longa ætas Pylium prudentem Nestŏra fecit. *Mart.*

5° O *crément est encore bref dans les mots suivans :* arbor, ŏris, memor, ŏris *et son composé* immemor, ŏris, lepus, ŏris, bos, ŏvis, compos, ŏtis, impos, ŏtis :

> Et memŏrem famam qui benè fecit habet. *Ov.*

⊱ 20 ⊰

U *crément du singulier est bref dans les noms de la troisième déclinaison :* crux, ŭcis, conjux, ŭgis, consul, ŭlis, auceps, ŭpis, murmur, ŭris, trux, ŭcis :

> Si canimus silvas, silvæ sint consŭle dignæ. *Virg.*

*Observons que l'*u *des diminutifs est également bref,* homun-cŭlus, quantŭlus :

> .... Mors sola fatetur
> Quantŭla sint hominum corpuscŭla. *Juv.*

EXCEPTIONS. U *crément est long,* 1° *dans* lux, ūcis, Pollux, ūcis, frūgis *subst. et* frūgi *adj. de* frux *inusité :*

> Sum bonus ac frūgi. *Hor.*

2° *Dans* fur, ūris, *et dans les noms en* us *qui ont le génitif en* ūdis, ūris *ou* ūtis : palus, ūdis, jus, ūris, tellus, ūris, vir-tus, ūtis.

> Oderunt peccare boni virtūtis amore. *Hor.*

Cependant u *est bref* **dans** pecŭdis, ligŭris *et* intercŭtis.

⊱ 21 ⊰

Double crément au singulier.

Duplex crementum numero breviato priori.

⊱ 22 ⊰

Crémens du singulier passant au pluriel.

Primi serventur numeri crementa secundo.

Crémens du pluriel.

⊱ 23 ⊰

A, E, I, O, U crémens du pluriel.

Plurali A produc, E, sic O; corripe I, sic U.

≈ 21 ≈

*Les noms qui ont deux crémens au singulier les font tous deux
brefs :* iter, itĭnĕris, jecur, cĭnŏris, præceps, cĭpĭtis.

Hic se præcĭpĭtem tecto dedit. *Hor.*

Nota. *D'après la règle 2, le crément de la quatrième déclinaison est bref au singulier :* manus, ŭi, quæstus, ŭi. *D'après
la même règle, le crément de la cinquième déclinaison est encore bref :* res, ĕi, spes, ĕi, *à moins qu'il ne se trouve entre deux
I ,* dies, iēi, species, iēi.

≈ 22 ≈

*Les crémens du singulier passent au pluriel et y conservent
leur quantité :* virtūtis, virtūtes, poemătis, poemăta.

Non satis est pulchra esse poemăta, dulcia sunto. *Hor.*
Tempŏra labuntur tacitisque senescimus annis. *Ov.*
Munĕra, crede mihi, placant homĭnesque deosque. *Ov.*
Viscĕra cæsarum pecŭdum. *St.*

Nota. Bōbus *pour* bŏvĭbus *fait sa première syllabe longue à
cause de la contraction.*

≈ 23 ≈

A, E, O *crémens du pluriel sont toujours longs :* rosārum,
rērum, librōrum, pulchrārum, bonōrum; I *et* U *sont toujours
brefs :* artĭbus, artŭbus, prudentĭbus :

Antiquos loquitur Musārum pagina reges. *Cl.*
Eximia est virtus præstare silentia rēbus. *Ov.*
Carmina cygnōrum ludentĭbus audit in undis. *Ov.*
Pars in frusta secant verŭbusque trementia figunt. *Virg.*

CRÉMENS DES VERBES.

✎ 24 ✎

A crément des verbes.

Verbis ᴀ crescens produc: ᴅᴀ̀ʀᴇ sit breve primo.

✎ 25 ✎

E crément des verbes.

E longum : præ ʀᴀᴍ, ʀɪᴍ, ʀᴏ, in ʙᴇ̆ʀɪs et ʙᴇ̆ʀᴇ tollas;
Præsenti et socio, ternæ præ ʀ addito primum.

*Il y a crément dans les verbes, lorsqu'une personne quel-
conque surpasse en nombre de syllabes la seconde personne
du singulier du présent de l'indicatif actif; le nombre des
crémens égale celui des syllabes excédantes. Ainsi, il y a un
crément dans* amābam, *deux dans* legĕrātis, *trois dans* audī-
rēmĭni.

*Pour les verbes déponens, on suppose toujours une seconde
personne active; il y a donc un crément dans* imitāris, *deux
dans* pollicēbĭtur,

*Dans les verbes dont la deuxième personne est un monosyl-
labe, si la première n'est pas en* O *pur, la première syllabe ne
compte jamais pour crément; mais elle est regardée comme une
syllabe radicale, qui suit partout la même quantité : ainsi, la
première syllabe n'est pas crément dans* volumus; *elle est brève
de sa nature, comme dans* volo (*règle* 6).

Si la première personne est en O *pur, on compte les crémens
comme à l'ordinaire :* fleo, fles, flēmus, flēbĭmus.

⪼ 24 ⪻

A *crément des verbes est long :* amāmus, amāre, amābāmus,
moneāris, legātur, audiātis :

Una salus victis nullam sperāre salutem. *Virg.*

Exception. A *est bref au premier crément du verbe* dăre *et
de ses composés ,* dămus, dăbāmus, circumdăbam, pessum-
dăbas :

.... Dăbis, improbe, pœnas. *Virg.*

⪼ 25 ⪻

E *crément des verbes est long :* amēmus, dēmus, imitētur,
docērēmur, legēbant, audiēbant, blandiēbar :

Debēmur morti nos nostraque. *Hor.*
Claudite jam rivos, pueri, sat prata bibērunt. *Virg.*

☞ 26 ☜

1 crément des verbes.

Corripe ɪ : non quartæ primo, si vɛnĭmus indè
Præteritum excipias, orĭturque ; velīto , velīmus ,
Sīmus, sic īvi produc. Variato potĭtur.

EXCEPTIONS. E *crément est bref*, 1º *devant les terminaisons* ram, rim, ro, *et aux secondes personnes du futur en* bĕris *et* bĕre : amavĕram, legĕrim, audivĕro, amabĕris, monebĕre :

Dixĕris egregiè, notum si callida verbum
Reddidĕrit junctura novum. *Hor.*
Semper honore meo, semper celebrabĕre donis. *Virg.*

2º *Au premier crément devant* R, *dans les présens et les imparfaits de la troisième conjugaison :* legĕris, legĕre, legĕrem, legĕrēmus, legĕrēris.

Pauper ĕrat Curius, reges cum vincĕret armis. *Claud.*

❧ 26 ❧

1 *crément des verbes est bref :* amavĭmus, legĭmus, legĭtur, utĭmur, pollicebĭmĭni :

Sumĭte materiam vestris qui scribĭtis æquam
Viribus. *Hor.*

EXCEPTIONS. I *est long*, 1º *au premier crément de la quatrième conjugaison :* audīmus, audītis, audīmĭni, *excepté dans* venĭmus *au prétérit, et dans* orĭtur.

Tu ne cede malis, sed contrà ardentior īto. *Virg.*

2º *A l'impératif et au présent du subjonctif de* volo, *de* sum *et de leurs composés :* velīto, velīmus, sīmus, sītis, nolīto, *etc.*

Sunt delicta tamen quibus ignovisse velīmus. *Hor.*

3º *Au premier crément des parfaits en* ivi, *quoiqu'ils ne soient pas de la quatrième conjugaison :* cupīvi, cupivĭmus.
I *est douteux dans* potĭtur.

4

❦ 27 ❧

O et *U* crémens des verbes.

O crescit longum : FÒRE dic. Breve U : dic tamen ŪRUS.

CHAPITRE V.

DES FINALES.

❦ 28 ❧

A final.

A longum : breve nominibus ; casum excipe sextum,
Et quintum quotiès producitur ultima primi.
Cum PUTĂ non verbo, QUIĂ corripietur et RIĂ ;
Sic ITĂ. Ponatur dubium cum POSTEĂ GINTĂ.

27

O *crément des verbes est long :* estōtc, amatōtc, *si ce n'est
dans* fŏre, fŏrem, *etc*.

U *crément des verbes est bref :* sŭmus, nolŭmus, *excepté dans
la pénultième des participes en* rus, ra, rum : amatūrus, mo-
nitūrus.

> Ventūræ memores jam nunc estōte senectæ. *Ov.*
> Nolŭmus assiduis mentem tabescere curis. *Ov.*

28

A *final est long :* amā, intereā, frustrā, ultrā.

> Sed fugit intereā, fugit irreparabile tempus. *Virg.*

EXCEPTIONS. A *final est bref,* 1° *dans les noms :* (hæc) rosă,
templă, æquoră, cornuă; *excepté à l'ablatif de la première déclinaison,* (hac) umbrā populeā, *et au vocatif des noms dont
la finale en* as *est longue au nominatif :* ó Æneā, o Pallā, *de*
Pallas, antis (1).

> Sunt bonă, sunt quædam mediocriă, sunt mală plură. *Mart.*
> .... Vos exemplariă græcă
> Nocturnā versate manu, versate diurnā. *Hor.*

2° *Dans* pută *adverbe,* quiă, eiă, ită; *ajoutez-y* alleluiă :

> Ut ridentibus arrident, ită flentibus adflent
> Humani vultus. *Hor.*

A *final est douteux dans* posteă, *et dans les noms de nombre
terminés en* ginta : trigintă, quadragintă, *etc*.

---

(1) Pallă, *vocatif de* Pallas, adis, *fait sa finale brève, puisque la finale
du nominatif est brève.* (*Règle* 36.)

⊱ 29 ⊰

E final.

Corripe ᴇ : non primam, quintam ortaque; protrahe ᴄᴇᴛᴇ̄;
Junge ꜰᴀᴍᴇ̄ ᴛᴇᴍᴘᴇ̄que; ᴍᴏɴᴇ̄ similesque trahantur;
Demptis enclyticis, monosyllaba; si ʙᴇɴᴇ̆ tollas
Cum ᴍᴀʟᴇ̆, cumque ꜱᴜᴘᴇʀɴᴇ̆, ɪɴꜰᴇʀɴᴇ̆, exorta secundâ;
ꜰᴇʀᴍᴇ̄ et ᴏʜᴇ̄. Dubium ᴄᴀᴠᴇ̆, sic ᴠᴀʟᴇ̆, sic ꜰᴇʀᴇ̆ pono.

⊱ 30 ⊰

I final.

I profer : ɴɪꜱɪ̆, cum neutris in ɪ græca dativo
Et quinto ternæ brevia. ᴍɪʜɪ̆ ponitur anceps,
Atque ᴛɪʙɪ̆, ꜱɪʙɪ̆, ɪʙɪ̆, ǫᴜᴀꜱɪ̆; queis ᴜʙɪ, sic ᴜᴛɪ̆ jungas.

⟶ 29 ⟵

E *final est bref:* dominĕ, artĕ, amarĕ, legitĕ, propĕ.

Solvitĕ cordĕ metum, Teucri, secluditĕ curas. *Virg.*
.... Manĕ piger stertis. *Pers.*

EXCEPTIONS. E *final est long*, 1º *dans les noms de la première déclinaison :* Musicē, Penelopē; *dans ceux de la cinquième et les mots qui en sont formés :* diē, meridiē, pridiē, hodiē.

Fallit enim vitium speciē virtutis et umbrâ. *Juv.*

2º *Dans* cetē, famē, tempē :

Ad murmur cetē toto exsultantia ponto. *Sil.*

3º *A la seconde personne du singulier dans les impératifs de la seconde conjugaison active :* monē, docē.
4º *Dans les monosyllabes :* mē, tē, sē, ē, dē, *etc.*, *excepté les enclytiques, comme* quĕ, cĕ, nĕ, vĕ.
5º *Dans les adverbes formés de la deuxième déclinaison :* præcipuē, validē, verē, *excepté* benĕ, malĕ, supernĕ, infernĕ :

Æquē pauperibus prodest, locupletibus æquē. *Hor.*
Quod malĕ fers, assuesce, feres benĕ; multa vetustas
Leniet. *Ov.*

6º *Dans* fermē, ohē.
E *final est douteux dans* cavĕ, valĕ, ferĕ :

Vade', valē, cavĕ ne titubes mandataque frangas. *Hor.*

⟶ 30 ⟵

I *final est long :* Dominī, virtutī, amarī, audī.

Frontī nulla fides. *Juv.*
Rarī quippè bonī. *Juv.*

EXCEPTIONS. I *final est bref dans* nisĭ; *dans les noms neutres*

❧ 31 ❧

O final.

O longum : varia serŏ, postremŏ citŏque,
Illicŏ, quandŏ, modŏ; (non pro causâ) additur ergŏ,
Imŏque cum cedŏ. Variato gerundia, rectum,
Us nisi sit patrio; nisi dō, nō, stō, omnia verba.

❧ 32 ❧

U, *B*, *C*, *D* à la fin des mots.

U produc. Breve b, d, non c : corripe donĕc,
Nĕc jungas. Varia făc, hūc pro nomine, David.

indéclinables en i : gommĭ, sinapĭ; *au datif et au vocatif des noms grecs :* Palladĭ, Paridĭ, Parĭ.

> Sincerum est nisĭ vas, quodcumque infundis acescit. *Hor.*
> Insere, Daphnĭ, pyros, carpent tua poma nepotes. *Virg.*

I *final est douteux dans* mihĭ, tibĭ, sibĭ, ibĭ, quasĭ, ubĭ, utĭ.

❧ 31 ❧

O *final est long :* Dominō, rarō, prō, quō.

> ,................,...... Pontō nox incubat atra. *Virg.*
> Jejunus stomachus rarō vulgaria temnit. *Hor.*

Exceptions. O *final est douteux,* 1° *dans* serŏ, postremŏ, citŏ, illicŏ, quandŏ, modŏ, ergŏ (*conjonction*), imŏ *et dans* cedŏ (*pour* dic *ou* fac) :

> Nemo adeō ferus est, qui non mitescere possit,
> Si modŏ culturæ patientem commodet aurem. *Hor.*

2° *Dans tous les gérondifs :* amandŏ, monendŏ, legendŏ; *aux nominatifs des noms :* homŏ, sermŏ, egŏ, *à moins que le génitif ne soit en* us : Didō, us, Cliō, us.

> Ignavus bubō, dirum mortalibus omen. *Ov.*
> Omnia feralis tristia bubŏ dedit. *Ov.*
> Infelix Didō nulli benè nupta marito. *Auson.*

3° *Dans tous les verbes :* amŏ, moneŏ, legitŏ, suntŏ; *excepté dans les trois monosyllabes* dō, nō, stō :

> Hoc volŏ, sic jubeō, sit pro ratione voluntas. *Juv.*
> Splendida sit nolō, sordida nolŏ cutis. *Mart.*

❧ 32 ❧

U *final est toujours long :* tū, tonitrū, vultū, diū :

> Tū nihil invità dices faciesve Minervâ. *Hor.*

❧ 33 ❧

L final.

L breve : NĬL, SĀL, SŌL et voces profer hebræas.

❧ 34 ❧

N final.

N produc : sed ĂN, ĬN, FORSĂN, TAMĔN et VIDĔN aufer ;
Sic ĔN INIS, quartum recti brevis, ŎNque secundæ.

B *final est bref :* Achăb , ăb , ŏb , sŭb.

Scilicet ingenium placidâ mollitur ăb arte. *Ov.*

C *final est long :* āc , dīc , hūc , illūc , sīc.

Hōc opus , hīc labor est. *Virg.*

D *final est bref :* ăd , apŭd , ĭd , quŏd , sĕd.

Quidquĭd ĭd est, timeo Danaos et dona ferentes. *Virg.*

EXCEPTION. C *final est bref dans* nĕc, donĕc; *il est douteux dans* făc *et* hĭc *pronom;* D *final est également douteux dans* Davĭd :

Donĕc eris felix , multos numerabis amicos. *Ov*

⊱ 33 ⊰

L *final est bref :* mĕl , nihĭl , procŭl , semĕl.

Et semĕl emissum volat irrevocabile verbum. *Hor.*

EXCEPTION. L *est long dans* nīl (*à cause de la contraction*), sāl , sōl , *et dans les noms hébreux :* Daniēl , Gabriēl , Israēl.

.... Sōl infert lumina mundo. *Lucr.*
Nīl ego contulerim jucundo sanus amico. *Hor.*

⊱ 34 ⊰

N *final est long :* Ixiōn , Ænēān , ēn , nōn , quīn :

Horriferum contrà Boreān ovis arma ministrat. *Ov.*

EXCEPTIONS. N *final est bref,* 1° *dans* ăn , ĭn , forsăn *et* forsi-tăn , tamĕn *et ses composés* attamĕn , verumtamĕn ; *dans* vidĕn *et mots semblables :* egŏn' , nostĭn' , *etc., pour* vides-ne , ego-ne , nostis-ne :

... Forsăn et hæc olim meminisse juvabit. *Virg.*

⊱ 35 ⊰

R final.

R breve: non FĀR, LĀR, NĀR, PĀR, ĒR ERIS et AĒR;
Sic ÆTHĒR et IBĒR, CŌR et FŪR. CELTIBĔR anceps.

⊱ 36 ⊰

As final.

As produc : ĂS ADIS græcum et ternæ excipe quartum.

2° *Dans les noms en* en *dont le génitif est en* inis : flŭmĕn,
inis, nomĕn, inis; *à l'accusatif des noms dont la terminaison
est brève au nominatif :* Deidamiă, ăn, Daphnĭs, ĭn, Theseŭs,
ŏn; *enfin, dans les noms en* on *de la deuxième déclinaison :*
Iliŏn, Erotiŏn.

> Æra dabant olim, melius nunc omĕn in auro est. *Ov.*
> Iliŏn et Tenedos, Simoisque et Xanthus et Ida. *Ov.*

⊱ 35 ⊰

R *final est bref :* Cæsăr, fortitĕr, vĭr, labŏr, legitŭr.

> Impigĕr extremos currit mercatŏr ad Indos. *Hor.*
> Fortitĕr ille facit qui misĕr esse potest. *Mart.*

EXCEPTION. R *final est long dans* fār, lār, nār, pār *et ses composés ; dans les noms en* er eris *qui ont le crément long :* cratēr,
ēris, charactēr, ēris; *dans* aēr, æthēr, Ibēr, cūr *et* fūr. *Il est
douteux dans* Celtibĕr :

> Ludere pār impār, equitare in arundine longâ. *Hor.*
> Vēr adeò frondi nemorum, vēr utile silvis. *Virg.*

⊱ 36 ⊰

As *final est long :* pietās, rosās, amās, fās.

> At nos virtutes ipsās invertimus, atque
> Sincerum cupimus vās incrustare. *Hor.*

EXCEPTION. As *final est bref dans les noms grecs en* as *qui ont
le génitif en* adis : lampăs, adis, Pallăs, adis, *et à l'accusatif
pluriel de ceux qui suivent la troisième déclinaison :* dæmonăs,
heroăs, lampadăs.

> Pallăs anum simulat. *Ov.*
> ... Insignes et pace heroăs et armis. *Ov.*

✐ 37 ✐

Es final.

Es longum : PENĔS, ĔS de SUM, pluralia græca
Et primo et quinto, cum græcis corripe neutris.
Sit primo ternæ numero ĔS breve, si breve crescat :
Ast ABIĒS, ARIĒS, PARIĒS, PĒS longa CERĒSque.

✐ 38 ✐

Is et *ys* à la fin des mots.

$\dfrac{\text{Is}}{\text{Ys}}$ breve : plurali produc numero ; ĬS quod in ENTIS
INIS et ITIS erit ; GLĬS, VĪS cum nomine verbum,
GRATĬS atque FORĬS. Profert persona secunda
ĪS, modò pluralis trahat ĪTIS. Sit THETỲS anceps.

↣ 37 ↢

Es *final est long :* diēs, docēs, legerēs.

> Nam tua rēs agitur, paries cum proximus ardet. *Hor.*
> Non benè cœlestēs impia dextra colit. *Ov.*

EXCEPTIONS. Es *final est bref,* 1º *dans* penĕs, ĕs *du verbe* sum ; *dans les noms grecs au nominatif et au vocatif pluriel :* Arcadĕs, Naiadĕs, Thracĕs (*l'accusatif de ces noms suit la règle générale*); *ainsi qu'au nominatif singulier des noms neutres venant également du grec :* cacoethĕs, hippomanĕs.

> Ambo florentes ætatibus, Arcadĕs ambo. *Virg.*
> .... Tenet insanabile multos
> Scribendi cacoethĕs, et ægro in corde senescit. *Juv.*

2º *Au singulier des noms de la troisième déclinaison qui ont le crément bref :* alĕs, ĭtis, milĕs, ĭtis ; segĕs, ĕtis ; *excepté dans* abiēs, ariēs, pariēs, pēs *et* Cerēs :

> Fertilior segĕs est alienis semper in arvis. *Ov.*
> Pópulus in fluviis, abiēs in montibus altis. *Virg.*

↣ 38 ↢

Is *et* ys *sont brefs à la fin des mots :* avĭs, omnĭs, legĭs, amatĭs, Capĭs, Tiphўs :

> Dulcĭs inexpertis cultura potentĭs amici. *Hor.*
> Tiphўs in æmoniâ puppe magister erat. *Ov.*

EXCEPTIONS. Is *final est long,* 1º *au datif et à l'ablatif pluriel :* rosīs, dominīs, bonīs.

> Singula de nobīs anni prædantur euntes. *Hor.*
> Neglectīs urenda filix innascitur agrīs. *Hor.*

❧ 39 ❧

Os final.

Os longum : patrius græcis brevis ; adde secundæ
Rectum, ni patrius sit in O ; breve compŏs et impŏs ;
Sic chaŏs, Argŏs, epŏs, melŏs, ŏs quod in ossis et exŏs.

❧ 40 ❧

Us final. *T* final.

Us breve : tolle manūs casu numerove secundo

2° *Dans les noms en* is *qui ont le génitif en* entis, *en* inis *ou en* itis : Simoīs, entis, Delphīs, inis, Dīs, itis; *dans* glīs, iris, vīs *substantif,* vīs *deuxième personne de* volo *et ses composés; dans* gratīs *et* forīs :

Grammatici certant et adhuc sub judice līs est. *Hor.*,

3° *Dans la deuxième personne du singulier en* is, *lorsque la deuxième personne du pluriel en* ītis *a le crément long :* audīs, ītis, velīs, ītis, sīs, sītis :

Vive memor quam sīs ævi brevis. *Hor.*

Ys *est douteux dans* Thetȳs.

➣ 39 ⤟

Os *final est long :* bōs, herōs, ōs, oris, dominōs, bonōs :

Nisus erat portæ custōs acerrimus armis. *Virg.*
Quōs ego........ *Virg.*
Mōs erat antiquis. *Ov.*

EXCEPTIONS. Os *final est bref,* 1° *au génitif des noms grecs :* Abidŏs, Arcadŏs, *et au nominatif de la deuxième déclinaison :* Arctŏs, Atropŏs, Naxŏs, Parŏs, Samŏs, *à moins que le génitif ne soit en* O : Androgeōs, eo.

Romæ laudetur Samŏs et Chiŏs et Rhodus absens. *Hor.*

2° *Dans* compŏs *et* impŏs; *dans* chaŏs, Argŏs, epŏs, melŏs, ŏs, ossis, *et son composé* exŏs :

In chaŏs antiquum confundimur. *Virg.*

➣ 40 ⤟

Us *final est bref :* dominŭs, manibŭs, illiŭs, legimŭs, sæpiŭs :

Est modŭs in rebus. *Hor.*
Viliŭs argentum est auro, virtutibŭs aurum. *Hor.*

Sic græcis genitiva, TRIPŪS, et nomina ternæ
U modò cremento servent. T corripe tandem.

EXCEPTIONS. Us *final est long,* 1º *dans les noms de la quatrième déclinaison, au génitif singulier et aux trois cas semblables du pluriel.*

2º *Au génitif des noms grecs :* Dido , ūs , Clio , ūs ; *dans tripus et aux noms de la troisième déclinaison qui conservent* U *au crément :* palūs, udis, jūs, uris ,. salūs, utis, trapezūs, untis:

Virtūs est medium vitiorum et utrinquè reductum. *Hor.*

T *final est bref :* capŭt , legĭt , ăt , ĕt , ĭt , tŏt , ŭt :

Quas habĕt in manibus quærĭt avarus opes. *Claud.*
Hoc săt erit. *Virg.*

II PARTIE.

DES DIFFÉRENTES ESPÈCES DE VERS.

Les principales espèces de vers sont : l'hexamètre, le pentamètre, l'iambique, le scazon, l'anacréontique, le saphique,
l'adonique, l'alcaïque, le phaleuce, l'asclépiade, le glyconique,
le phérécratien, l'archiloquien, l'ionique, le choraïque ou trochaïque, le phalisque et l'anapestique.

CHAPITRE 1er.

DU VERS HEXAMÈTRE.

L'*hexamètre* est le plus beau et le plus harmonieux de tous les
vers. Quoiqu'il soit spécialement consacré aux sujets grands et
sublimes, il sait prendre tous les tons et se prête à tous les
genres. Virgile nous a montré qu'il convient également à la
simplicité de l'églogue, à la précision du poëme didactique, à la
noblesse de l'épopée.

PIEDS.

Nous avons déjà dit que le vers hexamètre se compose de six
pieds, dont les quatre premiers sont des dactyles ou des spondées, le cinquième un dactyle et le sixième un spondée (ou bien

un trochée, puisque la dernière syllabe de tout vers peut être longue ou brève).

A moins que l'harmonie ne le demande, les quatre premiers pieds de l'hexamètre ne doivent pas être tous dactyles ni tous spondées; mais il convient de mêler ces deux espèces de pieds. Du reste, il est bon en général que le dactyle domine dans le vers, dont la marche devient ainsi plus rapide et plus animée :

Ēheū! | quām brĕvĭ | būs pĕrĕ | ūnt ĭn | gentia causis! *Cl.*
Jāmquĕ fă | cēs ĕt | sāxă vŏ | lānt, fŭrŏr | arma ministrat. *Virg.*

Le cinquième pied du vers hexamètre est quelquefois un spondée ; le vers est alors appelé *spondaïque :*

Aeriæ fugêre grues et nubifer | Āpēn | ninus. *Ov.*

Observons que dans le vers spondaïque le quatrième pied doit être un dactyle, sans quoi le vers serait lâche et traînant, comme on le voit dans l'exemple qui suit :

Saxa per et scopulos et | dē prēs | sas convalles. *Virg.*

Le vers spondaïque doit être employé rarement ; le plus souvent il fait image, et sert à marquer la lenteur, la gravité, la majesté :

Constitit atque oculis Phrygia agmina circumspexit. *Virg.*
Chara Deum soboles, magnum Jovis incrementum. *Virg.*

CÉSURE.

Les *césures* enchaînent heureusement les mots entre eux : un vers qui en serait totalement dépourvu n'offrirait que des sons durs et hachés ; tel est ce vers d'Horace :

Nec facundia deseret hunc, nec lucidus ordo.

Si le vers hexamètre n'a qu'une césure, elle se place après le second pied ; cette césure suffit pour l'harmonie :

Noctes atque diēs patet atri janua Ditis. *Virg.*

Si le vers a deux césures, il est encore bon que l'une des deux se trouve après le second pied. À défaut de césure après le second pied, il faut en placer une après le premier, et l'autre après le troisième :

> Nos patriæ finēs et dulcia linquimus arvá. *Virg.*
> Macte novā virtute puēr, sic itur ad astra. *Ov.*

Le vers est désagréable lorsqu'il n'a qu'une césure après le premier ou après le troisième pied :

> Non quivīs videt immodulata poemata judex. *Hor.*
> Pectora quam mea sunt seriē cæcata laborum ! *Ov.*

Un vers qui n'a qu'une césure après le premier ou après le troisième pied, peut être harmonieux, si une autre césure qu'il aurait d'ailleurs à l'un des pieds où la césure est admise, n'est détruite que par une élision ou une enclitique :

> Vere tumēnt terræ et genitalia semina poscunt. *Virg.*
> Septima post Trojæ excidiūm jam vertitur æstas. *Virg.*
> Haud mora, conversīs*que* fugāx aufertur habenis. *Virg.*

On trouve encore quelques vers dont l'unique césure après le second pied est détruite par l'élision, et qui cependant ne blessent pas l'oreille :

> Mænia conspicio atque adverso fornice portas. *Virg.*

Quelquefois aussi la pénultième d'un mot devient césure par l'élision de la dernière syllabe, si celle-ci est une enclitique :

> Incidit huic, subitō*que* adspectu territus hæsit. *Virg.*

L'hexamètre est harmonieux lorsque les trois premiers pieds sont suivis de césure :

> In vitiūm ducīt culpæ fuga, si caret arte. *Hor.*

La césure après le quatrième pied blesserait l'oreille :

> Me pinguem et nitidum bene curatā cute vises. *Hor.*

Elle ne peut y être admise que dans le cas où le vers serait terminé par un mot de quatre syllabes.

La césure est rare après le cinquième pied, puisque nous verrons plus bas que le vers doit rarement finir par un monosyllabe.

Un monosyllabe peut servir de césure, 1º s'il est précédé d'un autre monosyllabe :

Quid deceat, *quid nōn ;* quò virtus, quò ferat error. *Hor.*
Tibia non *ut nūnc* orichalco vincta, tubæque
Æmula. *Hor.*

2º S'il est tellement dépendant du mot précédent, qu'il lui soit uni par la prononciation :

Barbarus his *ego sŭm*, quià non intelligor illis. *Ov.*

3º Si ce monosyllabe est le verbe *est* précédé d'une élision :

Nimirum saper*e ēst* abjectis utile nugis. *Hor.*

Nota. On trouve quelquefois dans les poëtes une syllabe brève allongée par la césure ; c'est une licence qu'il ne faut pas imiter :

Si pereo, manibūs hominum periisse juvabit. *Virg.*

Cette observation regarde aussi le vers pentamètre.

ÉLISION.

L'élision ne doit pas être évitée avec affectation : placée à propos, elle donne au vers de la variété et de l'aisance ; elle est surtout permise, si la voyelle élidée a le même son que celle qui la suit :

Accipite ergò animis, atqu*e* hæc mea figite dicta. *Virg.*

L'élision doit être bannie du vers toutes les fois qu'elle formerait un concours de sons désagréables.

L'élision d'un monosyllabe déplaît à l'oreille, surtout lorsque ce monosyllabe est le mot qui commence le vers :

>   Adveniet justum pugnæ, *ne* accersite, tempus. *Virg.*
>   Parvula *nam* exemplo est magni formica laboris. *Hor.*
>   .... Tam cernis acutùm
>   *Quam* aut aquila, aut serpens. *Hor.*

En général, l'élision est dure au cinquième pied :

>   Metiri se quemque suo modulo ac pede verum est. *Hor.*
>   O curvæ in terras animæ et cœlestium inanes ! *Pers.*

Elle peut toutefois y être admise lorsqu'elle tombe sur une syllabe brève, surtout si c'est une enclitique :

>   Exercete viri tauros, serite hordea campis. *Virg.*
>   Poma cadunt ramis, agitatæ*que* ilice glandes. *Ov.*
>   I nunc, argentum, marmor vetus æra*que* et artes
>   Suspice. *Hor.*

L'élision est peut-être plus dure encore au sixième pied qu'au cinquième :

>   Scribendi rectè sapere est et principi*um* et fons. *Hor.*
>   Vir bonus et prudens dici delector ego ac tu. *Hor.*

Cependant on trouve fréquemment à la fin du vers le verbe *est* précédé d'une élision :

>   Occupet extremum scabies : mihi turpe relinqu*i* est. *Hor.*
>   Quid prohibetis aquas ? usus communis aquar*um* est. *Ov.*
>   .... Mens omnibus un*a* est. *Virg.*

Assez souvent, par licence, les poëtes ajoutent au sixième pied une enclitique qui s'élide avec le commencement du vers suivant ; le vers est alors appelé *hypermètre* :

>   Ecce furens animis aderat Tirynthius omnem*que*
>   Accessum lustrans. *Virg.*
>   .... Ignari hominumque locorum*que*
>   Erramus. *Virg.*

Quelquefois même Virgile a élidé à la fin du vers une syllabe qui n'est pas une enclitique :

Jamque iter emensi turres ac tecta Latino*rum*
Ardua cernebant.

FINALE DU VERS HEXAMÈTRE.

Le vers hexàmètre finit très-bien par un mot de deux ou de trois syllabes :

Tytire, tu patulæ recubans sub tegmine *fagi*,
Silvestrem tenui musam meditaris *avenâ. Virg.*

Il finit encore heureusement par deux monosyllabes :

Versibus exponi tragicis res comica *non vult. Hor.*

On doit éviter de terminer le vers hexamètre par un seul monosyllabe :

Cui placet alterius sua nimirum est odio *sors. Hor.*

Cependant nous avons déjà vu que le vers hexamètre peut être terminé par le verbe *est* précédé d'une élision. Quelquefois aussi l'harmonie imitative réclame un monosyllabe à la fin du vers :

Parturiunt montes, nascetur ridiculus *mus. Hor.*
... Insequitur cumulo præruptus aquæ *mons. Virg.*

Observons que les enclitiques faisant partie du mot précédent ne sont pas regardées comme des monosyllabes ; ainsi le vers suivant n'a rien de défectueux :

Eripiunt subitò nubes cœlumque diem*que. Virg.*

Le vers hexamètre ne doit pas finir par un mot de quatre syl-labes, à moins qu'il ne s'agisse, 1º du vers spondaïque ou du vers hypermètre, qui n'admettent guère de finale différente ;

2° d'un nom propre ou de quelques autres noms consacrés par l'usage, *hyacinthus*, *hymenæus*, *ululatus* :

> Dic mihi, Damæta, cujum pecus? an *Melibæi?* *Virg.*
> Et pinguem tiliam et ferrugineos *hyacinthos*. *Virg.*
> Nulla venus, non ulli animum flexêre *hymenæi*. *Virg.*

En général, les mots qui ont plus de quatre syllabes ne sont pas propres à terminer l'hexamètre :

> Nulla super nubes convivia *cælicolarum*. *Juv.*
> Hostem qui feriet mihi erit *Carthaginiensis*. *Enn.*

Il n'est pas rare cependant de voir un nom propre de cinq syllabes former les deux derniers pieds de l'hexamètre :

> Damonis musam dicemus et *Alphæsibei*. *Virg.*
> ..... Cælatum divini opus *Alcimedontis*. *Virg.*

NOTA. 1° Comme l'intérêt du discours doit aller croissant, et que l'attention se fixe plus particulièrement sur la fin du vers, il est bon de le terminer par le mot le plus important. Ainsi une épithète ordinaire, un adverbe et tout autre mot qui ajouterait peu à l'idée principale ne doivent point en général trouver place à la fin de l'hexamètre. Si la phrase commence vers la fin du vers, on n'exige pas la même force dans les mots qui le terminent.

2° L'enjambement n'est pas seulement permis d'un hexamètre à l'autre, il est même nécessaire pour semer de la variété dans la coupe des vers. Nous entrerons dans quelques détails à ce sujet, en parlant du style poétique.

CHAPITRE II.

DU VERS PENTAMÈTRE.

PIEDS ET CÉSURES.

Le vers pentamètre, avons-nous déjà dit, se compose de quatre pieds et de deux césures : les deux premiers pieds sont dactyles ou spondées, et les deux autres sont dactyles. La première césure, qui doit être longue, est placée après le second pied, et la seconde, qui peut être longue ou brève, après le quatrième.

La première césure partage le vers pentamètre en deux hémistiches, entre lesquels le sens doit offrir un certain repos :

> Obstrepit insanīs | litibus omne forum. *Ov.*
> Candida pax hominēs, | trux decet ira feras. *Ov.*

ÉLISION.

Le premier hémistiche du vers pentamètre admet l'élision ; mais le second devant être rapide, l'élision ne peut guère y trouver place, à moins qu'elle ne soit très-douce, ou qu'elle ne serve à l'harmonie imitative, comme dans les vers suivans :

> Detinet extremo terra aliena solo. *Cat.*
> Quadrijugos cernes sæpè resistere equos. *Ov.*

FINALE.

Le vers pentamètre, pour être harmonieux, doit finir par un mot de deux syllabes :

> Quò benè cœpisti, tu modò semper *eas. Ov.*
> At nos in vitium credula turba *sumus. Ov.*

Un monosyllabe peut former l'une ou l'autre césure du vers pentamètre, et par-là même lui servir de finale, dans les trois cas où il peut servir de césure au vers hexamètre ; savoir, 1º s'il est précédé d'un autre monosyllabe :

> Me quoque, me *fas est* te moriente mori. *Mur.*

2º Lorsqu'il dépend du mot précédent et qu'il lui est uni par la prononciation :

> Nec tecum possum vivere nec *sine te. Mart.*

3º. Si ce monosyllabe est le verbe *est* précédé d'une élision :

> Icare, clamat, ub*i es?* quòve sub axe volas? *Ov.*
> Et tantùm constans in levitate su*â est. Ov.*

On doit éviter avec soin de terminer le vers pentamètre par un mot de trois syllabes ; cette finale, dont les bons poëtes n'offrent presque pas d'exemple , est peu coulante et très dure pour l'oreille :

> Scandere qui nescis , versiculos *laceras. Cl.*
> Sera tamen tacitis pœna venit *pedibus. Cl.*

DISTIQUE.

S'il ne s'agit d'un vers isolé, tout vers pentamètre doit être précédé d'un vers hexamètre , et les deux réunis forment un *distique :*

> Qui semel est læsus fallaci piscis ab hamo ,
>   Omnibus unca cibis æra subesse putat. *Ov.*
> Vidi jam juvenem , premeret cum serior ætas ,
>   Mœrentem stultos præteriisse dies. *Tib.*

Chaque distique doit présenter un sens complet, et le vers pentamètre ne peut enjamber sur l'hexamètre suivant. Cependant il suffit que le sens soit alors suspendu ; le style serait même d'une monotonie accablante si la phrase finissait toujours avec le distique. Du reste , le vers hexamètre peut enjamber sur le pentamètre suivant , et l'on doit faire en sorte de mettre dans la coupe du vers toute la variété possible :

> Omnia tunc florent, tunc est nova temporis ætas ,
>   Et nova de gravido palmite gemma tumet ;
> Et modò formatis operitur frondibus arbor ,
>   Prodit et in summum seminis herba solum. *Ov.*
> Excitat auditor studium , laudataque virtus
>   Crescit, et immensum gloria calcar habet. *Ov.*

La rapidité du vers pentamètre , et le repos qui doit le suivre, empêchent le poëte de faire usage de ces périodes nombreuses et de ces coupes variées auxquelles se prête si aisément le vers hexamètre. Ainsi le distique ne convient guère aux sujets élevés et majestueux ; mais on l'emploie heureusement dans les sujets qui demandent un style tempéré ; il est propre surtout à exprimer la douleur ou la joie, et en général tous les sentimens de l'âme :

> Versibus impariter junctis querimonia primùm,
> Post etiam inclusa est voti sententia compos. *Hor.*

CHAPITRE III.

VERS IAMBIQUE.

Il y a deux sortes de vers *iambiques :* le *dimètre*, composé de quatre pieds, et le *trimètre* qui en a six. Dans le trimètre, le troisième pied commence ordinairement par une césure.

Les vers iambiques sont *purs* ou *mêlés*.

Le vers iambique pur est tout composé d'iambes ; le vers iambique mêlé admet le spondée aux pieds impairs, c'est-à-dire au premier et au troisième, ainsi qu'au cinquième dans les trimètres :

Dimètre pur. } Săcēr | nĕpō | tĭbūs | crŭor. *Hor.*

Dimètre mêlé. } Fōrtū | nă nōn | mūtāt | gĕnus. *Hor.*

Trimèt. pur. } Bĕā | tŭs il | lĕ quī | prŏcūl | nĕgō | tĭis. *Hor.*

Trimèt. mêlé. } Măle īm | pĕrā | tūr cūm | rĕgīt | vūlgūs | dŭcēs. *Sen.*

On fait rarement usage de l'iambique pur : le spondée mêlé à l'iambe rend le vers plus grave et plus majestueux.

Dans les vers iambiques mêlés, le spondée peut être remplacé par le dactyle ou l'anapeste, qui ont une mesure équivalente. De même l'iambe peut être remplacé par le tribraque, si ce n'est au dernier pied, qui doit toujours être un iambe (ou un pyrrique, *Notions préliminaires*) :

> Ac tem | pla sum | mī vĭdŭ | a de | sĕrŭi æ | theris. *Sen.*
> Cānĭdĭ | ă brĕvĭ | bus im | plica | ta vi | peris. *Hor.*
> Cānĭdĭ | a trac | tavit | dapes. *Hor.*
> Vide | rĕ prŏpĕ | rautes | domum. *Hor.*

Le vers iambique finit très-bien par un mot de deux syllabes ; il finit bien aussi par le verbe *est* précédé d'une élision. On le termine assez souvent par un mot de trois syllabes ; mais alors il est bon que ce mot soit précédé d'une élision. Les mots qui ont plus de trois syllabes doivent rarement servir de finale au vers iambique.

L'enjambement est permis d'un iambique à l'autre, et l'on doit chercher à varier la coupe du vers.

Après l'hexamètre et le pentamètre, l'iambique trimètre doit être mis au premier rang. Ce vers convient à différens genres : Archiloque, qu'on croit en être l'inventeur, l'a consacré à la satyre ; Horace s'en est servi fréquemment dans ses odes ; la tragédie et la comédie l'ont adopté dans le dialogue.

Les lyriques emploient alternativement le trimètre et le dimètre :

> Libet jacere, modò sub antiqua ilice,
> Modò in tenaci gramine :
> Labuntur altis interim ripis aquæ ;
> Queruntur in silvis aves ;
> Fontesque lymphis obstrepunt manantibus,
> Somnos quod invitet leves. *Hor.*

Il y a des iambiques dimètres qui ont de plus une césure à la fin ; dans ces vers les spondées et les iambes sont rigoureusement entremêlés :

> Sī frāc | tŭs īl | lābā | tŭr ōr | bis. *Hor.*

L'iambique dimètre hypermètre ne s'emploie pas seul ; il occupe la troisième place dans la strophe alcaïque. (Voy. *strophe alcaïque.*)

Il y a aussi des iambiques trimètres qui n'ont que cinq pieds et une césure ; dans cette dernière espèce, le quatrième et le cinquième pied sont toujours des iambes :

Nec pra | ta ca | nis al | bĭcānt | prŭī | nīs. *Hor.*

Le vers iambique peut se modifier encore d'autres manières ; mais ce détail nous emmènerait trop loin, et nous ne devons parler que des principales espèces.

CHAPITRE IV.

VERS SCAZON.

Le vers *scazon* (de σκάζω, boiter) est le même que l'iambique trimètre, avec cette seule différence que dans le vers scazon le cinquième pied est nécessairement un iambe, et le sixième un spondée :

Ō quĭd | sŏlū | tīs ēst | bĕā | tĭūs | cūrīs. *Cat.*

CHAPITRE V.

VERS ANACRÉONTIQUE.

Le vers *anacréontique* a beaucoup de rapport avec l'iambique dimètre. Il se compose de trois pieds et d'une césure. Le premier pied est un spondée, ou un iambe, ou un anapeste, ou un dactyle; les deux autres sont des iambes, après lesquels vient la césure :

Frǣnā | rĕ nēs | cĭt ī | rās
Mēdē | ă, nōn | ămō | rēs. *Sen.*

CHAPITRE VI.

VERS SAPHIQUE ET ADONIQUE.

Le vers *saphique*, qui tire son nom de Sapho son inventrice, est composé de cinq pieds. Le premier et les deux derniers sont des trochées; le second est un spondée, et le troisième un dactyle :

Lēnĭt | ālbēs | cēns ănĭ | mōs că | pĭllŭs. *Hor.*

Le troisième pied commence par une césure, ce qui coupe le vers en deux hémistiches; cette césure doit ne pas être suivie d'élision.

Le vers *adonique* est composé d'un dactyle et d'un spondée; c'est la finale du vers hexamètre :

Ōcĭŏr | Eūrō. *Hor.*

A cause de sa brièveté, le vers adonique deviendrait bientôt monotone s'il était employé seul. Il fait partie de la strophe saphique.

La strophe saphique se compose de trois vers saphiques suivis d'un adonique :

Sæpiùs ventis agitatur ingens
Pinus, et celsæ graviore casu
Decidunt turres, feriuntque summos
Fulmina montes. *Hor.*

CHAPITRE VII.

VERS ALCAÏQUE.

Le vers *alcaïque*, inventé par Alcée, est composé de quatre pieds et d'une césure : le premier pied est un spondée et quel-

quefois un iambe, après lequel vient la césure ; les deux derniers
sont des dactyles :

Vīs cōn | sĭlĭ ēxs | pērs | mōlĕ rŭ | īt sŭă. *Hor.*

La strophe alcaïque se compose de quatre vers : les deux premiers sont alcaïques, le troisième est un iambique de quatre
pieds et demi; le quatrième vers est appelé *dactylo-trochaïque*
ou *choraïque*. Il est composé de quatre pieds, deux dactyles et
deux trochées :

Dēdĕcŏ | rānt bĕnë | nātă | cūlpæ. *Hor.*

Damnosa quid non imminuit dies ?
Ætas parentum, pejor avis, tulit
    Nos nequiores, mox daturos
        Progeniem vitiosiorem. *Hor.*

La strophe alcaïque et la strophe saphique sont remplies
d'harmonie. Horace, qui semble les avoir affectionnées, offrira
un modèle parfait aux jeunes gens qui chercheront à l'imiter.

CHAPITRE VIII.

VERS PHALEUCE.

Le vers *phaleuce*, ainsi nommé de Phalèque son inventeur,
se compose de cinq pieds : le premier est un spondée, le second
un dactyle, les trois derniers sont des trochées. Le troisième
pied commence élégamment par une césure:

Nūnquām | dīvĭtĭ | ās dĕ | ōs rŏ | gāvi,
Cōntēn | tūs mŏdĭ | cīs mĕ | ōquĕ | lætŭs. *Hor.*

A défaut de cette césure, le vers est coupé après le second pied :

Bāĭā | nō prŏcŭl | ā lă | cū, mŏ | nĕmŭs,
Pīscā | tōr fŭgĕ, | uĕ nŏ | cēns rĕ | cēdas. *Mart.*

Catulle a mis quelquefois l'iambe ou le trochée au premier pied et le spondée au second, ce qu'il ne faut pas imiter.

Le vers phaleuce, l'alcaïque et le saphique sont aussi nommés *hendécasyllabiques*, parce qu'ils sont tous trois composés de onze syllabes.

CHAPITRE IX.

VERS ASCLÉPIADE, GLYCONIQUE ET PHÉRÉCRATIEN.

Le vers *asclépiade* est composé de quatre pieds et d'une césure : le premier est un spondée, les trois autres sont des dactyles ; la césure se trouve après le second pied. C'est un vers alcaïque dans lequel on substitue un dactyle à l'iambe du second pied :

Crēscēn | tēm sĕquĭ | tūr | cūră pĕ | cūnĭam. *Hor.*

Le vers asclépiade semble avoir servi de modèle à notre vers alexandrin. Il peut être employé seul, comme on le voit dans la première ode d'Horace :

Mæcenas atavis edite regibus,
O et præsidium et dulce decus meum, etc.

Le *grand asclépiade* a de plus, après la césure, un dactyle et une seconde césure :

Quīs pōst | vīnă gră | vēm [mīlĭtĭ | *am* aūt] paūpĕrĭ | ēm crĕpăt.
Hor.

Le vers *glyconique* est composé d'un spondée et de deux dactyles :

Dūlce ēst | dēsĭpĕ | *re* īn lŏco. *Hor.*

Le vers *phérécratien* présente un dactyle placé entre deux spondées :

Mūltŏ | nōn sĭnĕ | rīsū. *Hor.*

Ces trois espèces de vers se prêtent à plusieurs combinaisons. On peut employer, 1° un glyconique et un asclépiade :

Audax omnia perpeti ,
Gens humana ruit per vetitum nefas. *Hor.*

2° Trois asclépiades et un glyconique :

Puræ rivus aquæ silvaque jugerum
Paucorum, et segetis alta fides meæ ,
Fulgentem imperio fertilis Africæ
Fallit sorte beatior. *Hor.*

3° Deux asclépiades , un phérécratien et un glyconique :

O navis referent in mare te novi
Fluctus! O quid agis? fortiter occupa
Portum ; nonne vides ut
Nudum remigio latus.... ? *Hor.*

CHAPITRE X.

VERS ARCHILOQUIEN.

Le *grand archiloquien* est composé de sept pieds : les trois premiers sont dactyles ou spondées, le quatrième est toujours un dactyle , et les trois derniers sont des trochées. Ce vers doit avoir un repos après le quatrième pied :

Vītæ | sūmmă brĕ | vīs spēm | nōs vĕtăt ‖ īnchŏ | ārĕ | lōngām.
Hor.

Horace met après un grand archiloquien un iambique de cinq pieds et demi :

Pallida Mors æquo pulsat pede pauperum tabernas
Regumque turres. O beate Sesti,

6

Vitæ summa brevis spem nos vetat inchoare longam ;
Jam te premet nox, fabulæque Manes, etc.

Le *petit archiloquien* est composé de deux dactyles suivis
d'une césure ; c'est le second hémistiche du vers pentamètre :

Pūlvĭs ĕt | ūmbră sŭ | mus. *Hor.*

Le petit archiloquien est trop rapide pour être employé seul ;
on le trouve souvent après l'hexamètre.

CHAPITRE XI.

VERS IONIQUE.

Le *petit ionique* est composé de trois pieds, un anapeste, un
dactyle, un spondée :

Pătrŭæ | vērbĕră | līnguæ. *Hor.*

Le *grand ionique* est formé de deux petits :

Sĭmŭl ūnc | tōs Tĭbĕ | rīnīs || hŭmĕrōs | lāvĭt ĭn | ūndīs. *Hor.*

On place un petit ionique après deux grands :

Simul unctos Tiberinis humeros lavit in undis
Eques, ipso melior Bellerophonte, neque pugno,
Neque segni pede victus. *Hor.*

CHAPITRE XII.

VERS CHORAÏQUE OU TROCHAÏQUE.

Le vers *trochaïque* ou *choraïque* est de plusieurs espèces.
Le trochaïque *simplement dit* est composé d'un dactyle et de
deux trochées :

Sānguĭnĕ | vīpĕ | rīno. *Hor.*

Le trochaïque *pur* est composé de trois trochées et d'une
césure :

> Trŭdĭ | tūr dĭ | ēs dĭ | e. *Hor.*

Le trochaïque *mixte* remplace les deux derniers trochées du
précédent par un spondée et un dactyle :

> Cŭr tĭ | mēt flā | vūm Tĭbĕ | rim ? *Hòr.*

CHAPITRE XIII.

VERS PHALISQUE.

Le vers *phalisque* est composé de quatre pieds : les deux
premiers sont dactyles ou spondées, le troisième est toujours un
dactyle, et le quatrième un spondée; c'est le vers hexamètre,
moins les deux premiers pieds :

> Ō fŏr | tēs pē | jŏrăquĕ | pāssi...
> Crās ĭn | gēns ĭtĕ | rābĭmŭs | æquor. *Hor.*

On place un hexamètre avant le vers phalisque :

> Albus ut obscuro detergit nubila cœlo
>   Sæpè notus, neque parturit imbres
> Perpetuos ; sic tu sapiens, finire memento
>   Tristitiam vitæque labores , etc. *Hor.*

CHAPITRE XIV.

VERS ANAPESTIQUE.

Le vers *anapestique*, qu'on emploie fréquemment dans les
chœurs des tragédies, est de plusieurs espèces. On distingue
l'anapestique *simple* qui est formé de deux pieds, et le *composé* qui
en a quatre. Il y a aussi des anapestiques de trois pieds et
d'une césure.

Le vers anapestique admet à tous les pieds l'anapeste et le

spondée ; il admet aussi le dactyle aux pieds impairs. Il faut
tâcher de répandre de la variété dans le vers anapestique par
le mélange de ces différens pieds ; il serait trop sautillant, s'il
n'était composé que d'anapestes, comme il serait trop lourd s'il
n'était composé que de spondées :

Anapest. simples.
$$\left\{ \begin{array}{l} \bar{O}st\bar{e}n \mid t\bar{a}tus, \\ \bar{R}\bar{a}pt\bar{u}s \mid qu\breve{e} \; s\breve{i}mul, \\ S\bar{o}lst\breve{i}t\breve{i} \mid \bar{a}lis \\ V\breve{e}l\breve{u}t \; h\bar{e}r \mid b\breve{a} \; s\breve{o}let. \; \textit{Aus.} \end{array} \right.$$

Anapest. composés.
$$\left\{ \begin{array}{l} A\bar{u}d\bar{a}x \mid n\breve{i}m\breve{i}\bar{u}m \mid qu\bar{i} \; fr\breve{e}t\breve{a} \mid pr\bar{i}mus \\ R\breve{a}t\breve{e} \; t\bar{a}m \mid fr\breve{a}g\breve{i}l\bar{i} \mid p\bar{e}rf\breve{i}d\breve{a} \mid r\bar{u}pit. \; \textit{Sen.} \end{array} \right.$$

Anapest. de 3 pieds et demi.
$$\left\{ F\bar{e}l\bar{i}x \mid n\breve{i}m\breve{i}\bar{u}m \mid pr\breve{i}\breve{o}r \; \bar{a} \mid tas. \; \textit{Boet.} \right.$$

IIIe PARTIE.

DU STYLE POÉTIQUE.

Il est rare qu'une matière donnée se prête aisément, et comme d'elle-même, à la composition du vers. Il faut plutôt la retourner en différens sens, et lui faire subir des changemens nombreux, pour la soumettre aux lois de la mesure. Il faut encore l'orner, l'embellir, afin qu'elle revête les formes brillantes de la poésie. Nous avons donc à parler des *changemens* à opérer dans la matière des vers, et des *ornemens* du style poétique. Enfin, comme la poésie a des priviléges qui n'appartiennent pas à la prose, nous ajouterons un troisième chapitre sur les *licences*.

CHAPITRE 1er.

DES CHANGEMENS.

Un mot qui ne peut se prêter à la mesure du vers doit être remplacé par un équivalent. Nous ne parlerons pas de ces équivalens ou diverses formes d'un même mot qu'indique la grammaire ou le *Gradus*. On sait bien que l'on peut dire également *lepos, honos,* ou *lepor, honor; loci* ou *loca, prudente* ou *pru-*

denti, *celebraberis* ou *celebrabere*, *amaverunt* ou *amârunt*, *petivi*, *petivissem*, ou *petii*, *petiissem*, etc. Nous ne parlerons pas non plus des divers cas que régissent les adjectifs, les verbes et les prépositions, ni des différens genres que peut avoir le même nom. Tous ces détails sont plutôt du ressort de la grammaire que d'un traité de versification.

Nous indiquerons seulement les changemens qui sont particuliers à la poésie, quoiqu'ils se rencontrent quelquefois dans la prose.

§ 1. — CHANGEMENS DANS LES NOMS.

Plus souvent que dans la prose, on remplace en-poésie un nom au génitif par un adjectif qui rende la même idée : ainsi, au lieu de dire *hostium exercitus*, *virtus avorum*, *ignes siderum*, on dira plus poétiquement, *hostilis exercitus*, *virtus avita*, *ignes siderei :*

Ludit in *humanis divina* potentia rebus. *Sil.*

Souvent aussi le substantif est remplacé par un verbe à l'infinitif, ou à l'un des trois gérondifs :

Reddes dulce *loqui*, reddes *ridere* decorum. *Hor.*
.... Forsan et hæc olim *meminisse* juvabit. *Virg.*
Tantæ molis erat Romanam *condere* gentem ! *Virg.*
Desine fata Deûm flecti sperare *precando. Virg.*

Le nom qui indique la *matière*, la *partie*, l'*instrument*, la *manière*, et que les grammairiens veulent à l'ablatif, les poètes latins, à l'exemple des Grecs, le mettent élégamment au génitif :

Quàm dives *pecoris*, *nivei* quam *lactis* abundans ! *Virg.*
Lucus in urbe fuit mediâ, lætissimus *umbræ. Virg.*
Nec sum *animi* dubius. *Virg.*
Immemor, heu ! victusque *animi*, respexit. *Virg.*

On emploie le datif, 1º au lieu d'un génitif qui serait le complément d'un substantif :

At *juveni oranti* subitus tremor occupat artus. *Virg.*
Olli cæruleus supra caput adstitit imber. *Virg.*

.... *Huic* cervix comæque trahuntur
Per terram. *Virg.*

2° Au lieu de l'accusatif et de la préposition qui le régit, après les verbes qui marquent mouvement :

It clamor *cœlo.* *Virg.*
'...... Et *cœlo* palmas cum voce tetendit. *Virg.*
... Juvat ire *jugis.* *Virg.*
Paulatim adnabam *terræ.* *Virg.*
.... Facilis descensus *Averno* est. *Virg.*

3° Au lieu de l'ablatif et de la préposition qui le régit, après les verbes qui ne marquent point de mouvement :

.... Socios *ignotæ* linquere *terræ.* *Virg.*
Ardet apex *capiti.* *Virg.*
.... Tempus desistere *pugnæ.* *Hor.*

4° Comme régime d'un verbe passif, surtout lorsque ce régime est un participe :

.... Neque cernitur *ulli.* *Virg.*
Despectus *tibi* sum, nec qui sim quæris, Alexi. *Virg.*
Bella viri pacemque gerant *queis* bella gerenda. *Virg.*
Nemo ex hoc numero *mihi* non donatus abibit. *Virg.*

Ainsi que dans le grec, les adjectifs et les participes passifs sont souvent accompagnés d'un accusatif ; cet accusatif est régi par la préposition *secundùm*, qui est sous-entendue :

*Os humeros*que deo similis. *Virg.*
..... Multo jam fractus *membra* labore. *Hor.*
.... Discordia demens
Vipereum crinem vittis innexa cruentis. *Virg.*

La préposition *in* marquant le *but*, le *terme* d'une action, régit quelquefois l'ablatif, au lieu de l'accusatif :

At non ille, satum quo te mentiris, Achilles,
Talis in *hoste* fuit *Priamo.* *Virg.*

§ 2. — CHANGEMENS DANS LES ADJECTIFS.

L'adjectif peut ne pas s'accorder en genre, en nombre et en cas avec le nom auquel il se rapporte ; alors l'adjectif, qui est pris substantivement, se met au neutre, et le nom, devenu son complément, au génitif :

> .... Simulacra modis pallentia miris
> Visa sub *obscurum noctis*. *Virg.*
> *Summa* petit *scopuli*, siccáque in rupe resedit. *Virg.*
> .... Ferimur per *opaca locorum*. *Virg.*
> Tempestas sine more furit, tonitruque tremiscunt
> *Ardua terrarum* et campi. *Virg.*

Lors même que l'adjectif est au même cas que le substantif, on le met quelquefois au neutre, quoique le substantif soit masculin ou féminin :

> *Triste lupus* stabulis, maturis frugibus imbres. *Virg.*
> *Dulce* satis *humor*, depulsis arbutus hædis. *Virg.*

Le comparatif peut tenir lieu du positif, et donner à la pensée plus de grâce ou d'énergie :

> *Tristior*, et lacrymis oculos suffusa nitentes. *Virg.*

§ 3. — CHANGEMENS DANS LES VERBES.

Modes.

Dans un récit, l'infinitif à la place de l'indicatif donne à la narration plus de rapidité :

> Tùm piùs Æneas humeris *abscindere* vestem
> Auxilioque *vocare* Deos, et *tendere* palmas. *Virg.*
> Instant ardentes Tyrii : pars *ducere* muros,
> *Molirique* arcem, et manibus *subvolvere* saxa ;
> Pars *optare* locum tecto, et *concludere* sulco. *Virg.*

Quelquefois aussi l'infinitif à la place d'un autre mode sert à exprimer un sentiment vif ou profond :

> .... Mene incepto *desistere* victam,
> Nec *posse* Italiâ Teucrorum avertere regem! *Virg.*

C'est une phrase elliptique ; le sens indique assez le verbe sous-entendu qui amène cette tournure.

On emploie l'indicatif à la place du subjonctif, surtout dans un sens conditionnel :

> Et si fata Deûm, si mens non læva fuisset,
> *Impulerat* ferro Argolicas tentare latebras. *Virg.*
> Et si non alium latè jactaret odorem,
> Laurus *erat. Virg.*

On met presque toujours l'infinitif, 1° pour le gérondif en *di,* et même pour les gérondifs en *do* et en *dum* accompagnés ou non d'une préposition :

> .... Virgo *poscere* fata
> Tempus, ait ; deus, ecce deus. *Virg.*
> Sed si tantus amor casus *cognoscere* nostros,
> Et breviter Trojæ supremum *audire* laborem. *Virg.*
> Nos numerus sumus, et fruges *consumere* nati. *Hor.*
> Hortamur *fari. Virg.*

2° Pour le supin actif :

> Non nos aut Libycos ferro *populare* penates
> Venimus, aut raptas ad littora *vertere* prædas. *Virg.*

3° Pour le participe présent, après les verbes qui expriment une action des sens :

> Omnia ventorum *concurrere* prælia vidi. *Virg.*

4° Comme régime d'un adjectif ou d'un verbe, qui voudrait après lui l'indicatif ou le subjonctif précédé d'une conjonction :

> Sæpè stylum vertas, iterum quæ digna *legi* sint
> Scripturus. *Hor.*

> Mox tamen ardentes accingar *dicere* pugnas,
> Cæsaris et nomen famâ tot *ferre* per annos. *Virg.*
> *Occursare* capro, cornu ferit ille, caveto. *Virg.*

Temps.

Plus souvent que dans la prose, le présent s'emploie pour le passé, afin de rendre l'objet plus présent à l'esprit :

> Hæc ubi dicta dedit, solio se *tollit* ab alto. *Virg.*
> .... Tu quoque magnam
> Partem opere in tanto, *sineret* dolor, Icare *haberes*. *Virg.*
> (Au lieu de *si sivisset... habuisses.*)

Sineret dolor : la tournure française *n'était* est parfaitement semblable à cette tournure latine.

Quelquefois, au contraire, le passé pour le présent marque mieux la rapidité de l'action :

> Clamorem immensum tollit, quo pontus et omnes
> *Intremuere* undæ, penitùsque *exterrita* tellus
> Italiæ, curvisque *immugiit* Ætna cavernis. *Virg.*
> Terra tremit, *fugere* feræ, et mortalia corda
> Per gentes humilis *stravit* pavor. *Virg.*

C'est ce qu'on voit encore à l'infinitif :

> Bacchatur vates, magnum si pectore possit
> *Excussisse* deum. *Virg.*

Il faut prendre garde de ne point passer brusquement d'un temps à un autre, dans des membres semblables. Cependant il peut arriver que le sens ne souffre point de ce changement, comme dans l'exemple suivant :

> Quamquàm animus meminisse *horret*, luctuque *refugit*. *V.*

Les poètes mettent quelquefois le présent ou le passé pour le futur :

> Illa seges dèmùm votis *respondet* avari
> Agricolæ, bis quæ solem, bis frigora *sensit*.

Illius immensæ *ruperunt* horrea messes. *Virg*.
.... Nec credere quivi
Hunc tantum tibi me discessu *ferre* dolorem. *Virg*.
(pour *laturum esse.*)

Les deux futurs s'emploient assez souvent l'un pour l'autre :

Non Simois tibi, nec Xanthus, nec Dorica castra
Defuerint. Virg.
(pour *deerunt.*)

Au subjonctif on emploie le présent pour l'imparfait, surtout dans un sens conditionnel :

Ecce volat, calcemque terit jam calce Diores
Incumbens humero , spatia et si plura *supersint,*
· *Transeat* elapsus prior, ambiguumve *relinquat. Virg*.
Et ni docta comes tenues sine corpore vitas
Admoneat volitare cavâ sub imagine formæ,
Irruat, et frustrà ferro *diverberet* umbras. *Virg*.

En général, on peut changer un temps pour un autre, toutes les fois que ce changement ne nuit pas au sens de la phrase.

Nombres.

Avec un nom collectif, non seulement on est libre de mettre le verbe au singulier ou au pluriel, mais dans la même phrase, le premier verbe étant au singulier, le second peut se mettre au pluriel :

At genus è silvis Cyclopum et montibus altis
Excitum *ruit* ad portas, et littora *complent. Virg*.

Avec plusieurs sujets, lors même que l'un serait au pluriel, on peut mettre le verbe au singulier, pourvu que le sujet qui accompagne le verbe soit du même nombre :

Tutatur favor Euryalum, lacrymæque decoræ,
Gratior et pulchro veniens in corpore virtus. *Virg*.
Haud aliter puppesque tuæ, pubesque tuorum
Aut portum *tenet*, aut pleno *subit* ostia velo. *Virg*.

§ 4. — CHANGEMENS DANS LES ADVERBES.

Les adverbes, si l'on en excepte ceux qui se terminent en *er* ou en *ùs*, ne sont guère employés dans la poésie.

On peut les remplacer, 1° par un adjectif qui se rapporte ou au sujet ou au régime de la phrase :

> Ferte *citi* flammas , date vela , impellite remos. *Virg.*
> . . . . Errat tempora circùm
> *Crebra* manus. *Virg.*
> . . . . Æneas se *matutinus* agebat. *Virg.*
> Ergo agite , et *lætum* cuncti celebremus honorem. *Virg.*

2° Par un adjectif neutre au singulier ou au pluriel , à l'imitation des Grecs :

> . . . . *Suave* rubens hyacinthus. *Virg.*
> Nec *mortale* sonans. *Virg.*
> Asper, *acerba* tuens. *Virg.*
> Victor equus fontesque avertitur, et pede terram
> *Crebra* ferit. *Virg.*
> Mutati *transversa* fremunt, et vespere ab atro
> Consurgunt venti. *Virg.*

3° Par un verbe :

> . . . . *Certant* illudere capto. *Virg.*
> (pour *certatim* illudunt.)

§ 5. — CHANGEMENS DANS LES CONJONCTIONS.

On sait que la conjonction *et* peut être remplacée par une foule de conjonctions équivalentes : *que, ac, atque, nec non, quoque, tùm, cùm, pariter, simul, nec minùs.*
Et remplace quelquefois *aut* ou *ve :*

> Hic quibus invisi fratres, dùm vita manebat,
> Pulsatusve parens ; *et* fraus innexa clienti,
> Aut qui divitiis soli incubuêre repertis. *Virg.*

Quelquefois aussi *et* ou *ve* remplace *nec*. Dans ce cas, *nec* placé au commencement de la phrase, la domine tout entière :

Nec Jovis imperio fatis*ve* infracta quiescit. *Virg.*

§ 6. — DES SYNONYMES.

Un mot qui gêne la construction du vers peut être ordinairement remplacé par un *synonyme*, c'est-à-dire par un autre mot qui, avec le même sens, présente une mesure différente : ainsi, au lieu de *fortuna*, on pourra dire *sors, casus, fatum;* au lieu de *mare,* — *pontus, marmor, pelagus, fretum, æquor, etc.;* le Gradus fournira facilement ces synonymes. Il ne faut pas croire cependant y trouver tous ceux que peut avoir un mot; la mémoire et l'imagination du poète doivent suppléer à ce que ne dit point le dictionnaire. D'ailleurs il est des termes qui, dans certains cas, ne peuvent avoir d'équivalent; tels sont les mots pris dans un sens métaphorique, et les noms communs quand ils sont personnifiés :

Invadunt urbem somno vinoque *sepultam. Virg.*
Tumulatam, inhumatam seraient impropres.
Mors graditur vasto pandens cava guttura rictu. *Sil.*

Si, à la place de *Mors*, on employait *funus, nex, obitus, interitus*, l'expression serait fausse et l'image défectueuse. C'est assez dire que le jugement et le goût doivent toujours présider au choix des synonymes.

§ 7. — DES PÉRIPHRASES.

Plus étendue que le synonyme, la périphrase dit en plusieurs mots ce qui pourrait être exprimé par un seul. Elle peut tomber sur différentes parties du discours : ainsi, au lieu de *Æneas*, on peut dire *satus Anchisá, Troius heros;* au lieu de *sol,* — *sidereum jubar, Phœbea lux, Phœbi lucidus orbis;* au lieu de *arare,* — *terram vertere, scindere, rimari, exercere, aratro dimovere, arva subigere;* au lieu de *certatim, — animis, studiis certantibus,* etc.

Très-souvent on remplace les adjectifs numériques en prenant plusieurs fois un moindre nombre :

>*Bis quinos* silet ille dies. *Virg.*
>Aspice *bis senos* lætantes in agmine cygnos. *Virg.*
>*Bis denis* Phrygium conscendi navibus æquor. *Virg.*
>*Ter centum* nivei tondent dumeta juvenci. *Virg.*
>Fortè meum si quis te percontabitur ævum ,
>Me *quater undenos* sciat implevisse decembres. *Hor.*

Les superlatifs qui , à cause de leur longueur , ne pourraient guère entrer dans le vers, se remplacent par diverses périphrases. En voici quelques exemples :

>Rex erat Æneas nobis quo justior alter
>Nec pietate fuit , nec bello major et armis. *Virg.*
>Non illo melior quisquam , nec amantior æqui. *Virg.*
>.... Scelere antè alios immanior omnes. *Virg.*
>....... Antè omnes pulcher Iulus. *Virg.*
>Turnus ego , haud ulli veterum virtute secundus. *Virg.*

La périphrase rend la versification plus aisée. Elle peut développer, non-seulement un mot , mais une pensée entière. C'est alors surtout qu'elle contribue à la richesse et à la variété du discours.

Mane erat; voici comme Virgile a su diversifier cette pensée :

>Jamque rubescebat stellis Aurora fugatis. —
>Postera quum primo stellas oriente fugârat
>Clara dies.
>Exspectata dies aderat, nonamque serená
>Auroram Phaetontis equi jam luce vehebant. —
>Frigida vix cœlo noctis discesserat umbra. —
>Jamque rubescebat radiis mare, et æthere ab alto
>Aurora in roseis fulgebat lutea bigis. —
>Et jam prima novo spargebat lumine terras
>Tithoni croceum linquens Aurora cubile.

On peut remarquer encore les diverses manières dont le même
poète exprime l'action de naviguer :

> Vela dabant læti, et spumas salis ære ruebant. —
> Vela damus, vastumque cavâ trabe currimus æquor. —
> Vela cadunt; remis insurgimus; haud mora nautæ
> Adnixi torquent spumas, et cærula verrunt. —
> Verrimus et proni certantibus æquora remis. —
> Interea medium Æneas jam classe tenebat
> Certus iter, fluctusque atros aquilone secabat. —
> Infindunt pariter sulcos, totumque dehiscit
> Convulsum remis rostrisque tridentibus æquor. —
> ... Adductis spumant freta versa lacertis.

On sent qu'il est des cas où le nom propre doit nécessairement
être exprimé, et où il ne saurait être remplacé par une périphrase, non plus que par un synonyme. Tel est le mot *Carthago*
dans l'exemple suivant :

> Urbs antiqua fuit, (Tyrii tenuére coloni)
> Carthago. *Virg*.

Observons que la périphrase doit répondre exactement au terme
propre, et ne point contenir de mots oiseux.

§ 8. — CHANGEMENS DE TOURNURES.

La langue latine se prête à une infinité de tournures qui facilitent singulièrement la composition du vers. Nous ne parlerons que de quelques unes; la lecture des poètes en fera connaître un plus grand nombre.

Au moyen de l'apostrophe ou de l'exclamation, on donne à la
phrase un tour différent et bien plus animé :

> Sternitur Arcadiæ proles; sternuntur Etrusci,
> Et vos, o Graiis imperdita corpora, Teucri. *Virg*.
> Et si fata Deûm, si mens non læva fuisset,
> Impulerat ferro Argolicas tentare latebras;
> Trojaque nunc stares! Priamique arx alta maneres! *Virg*.

Presque toujours on peut changer l'actif en passif, et *vice versâ*.

En remplaçant le verbe *sum*, ou un autre verbe ordinaire par un verbe tiré de la nature du sujet ou des circonstances, on exprime la pensée avec plus d'élégance ou d'énergie, et l'on sème une heureuse variété dans le style :

> Ast ego quæ divùm *incedo* regina, Jovisque
> Et soror et conjux. *Virg.*
> Quinque greges illi balantum, quina redibant
> Armenta, et terram centum vertebat aratris. *Virg.*
> Inseritur verò ex fœtu nucis arbutus horrida ;
> Et steriles platani malos gessêre valentes,
> Castaneæ fagos, ornusque incanuit albo
> Flore pyri, glandemque sues fregêre sub ulmis. *Virg.*

D'autres fois on remplace un verbe par un nom qui en dérive : ainsi, au lieu de *ducebam vos*,

> Dux ego vester eram. *Virg.*

En mettant au participe un verbe qui serait à un autre mode, on peut faire d'un membre principal de phrase un membre accessoire, et *vice versâ*.

Pour dissuader ou défendre, les poètes remplacent la négation par différens verbes suivis d'un infinitif :

> Vendere cum possis, captivum occidere *noli*. *Hor.*
> Quem sua culpa premit, deceptus *omitte* tueri. *Hor.*
> .... *Desine* mecum
> Certare. *Hor*
> *Parce* pias scelerare manus. *Virg.*
> .... *Absiste* moveri. *Virg.*
> .... *Ne quære* doceri. *Virg.*
> Cætera *mitte* loqui. *Hor.*

CHAPITRE II.

DES ORNEMENS DU STYLE POÉTIQUE.

Tout ce que nous avons à dire sur les ornemens du style poétique regarde le choix des expressions, les épithètes, les images, les figures, et enfin l'harmonie.

§ 1er. — DU CHOIX DES EXPRESSIONS.

En cherchant à soumettre la phrase au rhythme poétique, on ne doit pas adopter le premier mot qui se prête à la mesure, mais celui qui rend la pensée avec le plus de justesse et d'énergie. La propriété des termes n'est pas moins nécessaire dans la poésie que dans la prose, et l'énergie du style est peut-être la beauté qui frappe le plus dans la lecture des poètes.

Virgile veut peindre, au moment où le Troyen Lycus gravit le rempart pour rejoindre les siens, Turnus qui le saisit et l'entraîne :

> .... Simul *arripit* ipsum
> *Pendentem*, et magnâ muri cum parte *revellit*.

Prenons les trois termes principaux dont Virgile a fait choix, et confrontons-les avec ceux qui pourraient paraître synonymes.

Arripit. — Le Gradus donnera pour synonymes *capio*, *assumo*, *prehendo*, *apprehendo*, *rapio*, *subripio*. *Capio* est le plus indéterminé de tous : on peut prendre de tant de manières ; *assumo*, *prehendo*, *apprehendo* seraient ici trop lents et auraient peu d'énergie ; *rapio* n'exprime encore qu'une idée trop générale ; *subripio*, prendre à la dérobée, l'idée accessoire serait fausse. *Arripio* signifie *saisir et attirer à soi*. *Arripit* est donc à la fois le terme le plus juste et le plus expressif.

Pendentem offre une image parfaite ; *suspensum* aurait la même mesure, mais ce mot sonore présenterait ici plus de grandeur que de vérité.

Revellit. Si l'on examine les synonymes de ce verbe, *abstraho,*

7

traîner en éloignant d'un lieu, *avello*, arracher au mur, tandis qu'une partie de la muraille tombe, on trouvera que ces deux verbes auraient peu de justesse. *Revello*, retirer *avec force, faire tomber en arrière*, idée très-juste, expression très-énergique.

Nous offrirons encore un exemple à l'admiration des jeunes gens; c'est un passage du IXe livre de *l'Énéide* où Virgile fait la peinture d'un combat :

Sternitur omne solum telis : tûm scuta, cavæque
Dant sonitum *flictu* galeæ; pugna *aspera surgit.*
Quantus ab occasu veniens pluvialibus hædis
Verberat imber humum; *quàm multâ* grandine nimbi
In vada *præcipitant*, quùm Juppiter *horridus austris*
Torquet aquosam hiemem, et cœli *cava* nubila *rumpit.*

Quel est celui qui, à la simple lecture de ces vers, ne se sentira pas frappé de cette série d'expressions pleines d'énergie et de vérité ?

§ 2. — DES ÉPITHÈTES.

Les *épithètes* ne sont autre chose que des adjectifs. En modifiant les noms auxquels elles sont unies, elles présentent les objets sous leur vrai point de vue, et remplissent le discours d'images variées. La poésie, qui aime à peindre la nature, fait un usage bien plus fréquent des épithètes que la prose. Nous indiquerons la source où l'on doit les puiser, et la place qu'elles peuvent occuper dans le vers.

Source des épithètes.

Il ne s'agit point ici de ces épithètes indispensables, sans lesquelles le substantif ne serait pas suffisamment déterminé : ainsi dans le vers suivant,

Gens inimica mihi Tyrrhenum navigat æquor,

l'épithète *Tyrrhenum* est nécessaire pour indiquer la mer Tyrrhénienne, et la distinguer de la mer en général.

Nous avons à parler des épithètes qui servent plutôt à l'ornement du vers ; elles sont prises de la nature du sujet ou des circonstances.

Les épithètes puisées dans la nature des choses contribuent à la richesse et à l'harmonie du style ; elles font ressortir les qualités de l'objet, en le peignant sous les couleurs qui lui sont propres. C'est par le secours de ce genre d'épithètes que Virgile, dans les vers suivans, donne aux abeilles un riant voisinage :

> Hæc circùm casiæ *virides*, et *olentia latè*
> Serpylla, et *graviter spirantis* copia thymbræ
> Floreat, *irriguumque* bibant violaria fontem.

Les anciens poètes, qui aimaient la simple nature, ont employé souvent des épithètes dont l'idée parait se trouver tout entière dans le substantif : Mare *liquidum*, maria *humida*, nix *alba, etc.* Les modernes ont montré un goût beaucoup plus sévère. Sans condamner les anciens, n'ayons jamais recours à des épithètes qui seraient tout-à-fait oiseuses.

Les épithètes prises des circonstances ajoutent au substantif des pensées, des images, des sentimens analogues au sujet.

> Quem *damnosa* Venus, quem *præceps* alea nudat. *Hor.*

Præceps, damnosa; ces deux belles épithètes ne sont pas prises au hasard ; elles ont un rapport direct avec l'idée exprimée par le verbe, et servent très-bien à la développer.

Virgile peint le vautour acharné à dévorer les entrailles toujours renaissantes de Tityon :

> .... Rostroque *immanis obunco*,
> *Immortale* jecur tundens, *fecundaque pœnis*
> Viscera, rimaturque epulis, habitatque sub *alto*
> Pectore, nec fibris requies datur *ulla renatis*.

La voracité du vautour, le corps énorme du géant, et surtout l'éternité du supplice, tout est rendu sensible et frappant au moyen des épithètes.

Dans la comparaison suivante, les épithètes forment un touchant tableau et inspirent les sentimens les plus tendres :

> Qualis populeâ *mœrens* Philomela sub umbrâ
> *Amissos* queritur fœtus, quos *durus* arator
> Observans nido *implumes* detraxit : at illa
> Flet noctem, ramoque sedens *miserabile* carmen
> Integrat, et *mœstis* latè loca quœstibus implet.

Place des épithètes.

La progression nécessaire à l'intérêt du discours demande que les épithètes, qui sont en général des mots moins importans, précèdent les substantifs auxquels elles se rapportent. Il est même élégant qu'elles en soient séparées par quelque mot :

> *Agrestem tenui* meditabor arundine musam. *Virg.*

On peut cependant déroger à cette règle, non-seulement pour mettre de la variété dans le style, mais encore pour donner à une épithète qui a de la force, la place où elle produira le plus d'effet. C'est ainsi que, placée à la fin du vers qui renferme le substantif, ou au commencement du vers suivant, une épithète qui fait image fixe davantage l'attention :

> .... Ponto nox incubat *atra*. *Virg.*
> Contremuit nemus, et silvæ intonuêre *profundæ*.
> Clamore excipiunt socii, fremituque sequuntur
> *Horrisono*. *Virg.*
> Vox quoque per lucos vulgò exaudita *silentes*
> *Ingens*. *Virg.*
> .... Non terruit ipse Typhœus
> *Arduus, arma tenens*. *Virg.*

S'il se trouve dans un vers deux épithètes qui aient un sens opposé, on les fait contraster en les rapprochant :

> Eheu ! quam *pingui macer* est mihi taurus in arvo ! *Virg.*
> .... Parnassia laurus
> *Parva* sub *ingenti* matris se subjicit umbrâ. *Virg.*

Quelquefois aussi, de deux épithètes qui contrastent ensemble, l'une commence le vers, et l'autre le termine :

> . . . . Vos exemplaria græca
> *Nocturná* versate manu, versate *diurná. Hor.*

Il faut éviter avec soin de donner à un même substantif plusieurs épithètes dans le seul but de remplir le vers : cependant
les épithètes accumulées font quelquefois un très-grand effet,
surtout dans le majestueux ou le terrible :

> Tectum *augustum, ingens*, centum *sublime* columnis. *Virg*.
> Monstrum *horrendum, informe, ingens*, cui lumen ademptum *V.*

§ 3. — DES IMAGES.

Pour peindre un sujet, la poésie ne se contente pas d'en exprimer quelques traits principaux. Réunissant les circonstances les
plus frappantes, et les présentant sous des couleurs naturelles,
elle donne à l'objet une vie, une vraie existence ; elle offre à
l'esprit une image parlante, un tableau achevé.
Voici comment le poète latin dépeint la Fureur enfermée dans
le temple de Janus :

> . . . . Furor impius intùs
> Sæva sedens super arma, et centum vinctus ahenis
> Post tergum nodis, fremet horridus ore cruento.

A ce sombre tableau faisons succéder de plus douces images :

> Intereà dulces pendent circùm oscula nati. *Virg*.
> Et trepidæ matres pressére ad pectora natos. *Virg*.

Ne voit-on pas, dans le premier de ces deux vers, les tendres
caresses des enfans, et dans le second la vivacité de la sollici-
tude maternelle ?
Voulez-vous voir une moisson jaunissante, mollement agitée,
et des grappes rouges suspendues à des arbustes sauvages ? Lisez
ces deux vers de Virgile :

> Molli paulatim flavescet campus aristà,
> Incultisque rubens pendebit sentibus uva.

Aux images poétiques se rattachent naturellement la description et la narration, qui ont plus d'étendue. C'est là surtout que la poésie joint la variété à l'élégance, et qu'elle se plaît à étaler toutes ses richesses. Il serait trop long d'en citer des exemples ; Virgile en offre presqu'à chaque page.

§ 4. — DES FIGURES.

Pour donner de l'énergie et de l'élégance à la pensée, la poésie s'entoure de toutes les richesses du style figuré. Notre dessein n'est pas de parcourir ici tout le cercle des figures ; nous ne parlerons que de celles qui se rencontrent le plus souvent dans les poètes : ce sont la répétition, la comparaison, l'antithèse, la métonymie, la synecdoque, la métaphore et l'allégorie.

De la répétition.

La *répétition* de certains mots importans donne de l'élégance au style et de la force à la pensée :

> *Carmine* Di superi placantur, *carmine* Manes. *Hor.*
> *Quò, quò,* scelesti, ruitis? *Hor.*
> *Me, me,* adsum qui feci ; in *me* convertite ferrum. *Virg.*

Phaéton, guidant le char du soleil, voit du haut des cieux la terre dans une immense profondeur ; une répétition sert merveilleusement à rendre cette effrayante idée :

> Ut verò summo despexit ab æthere terras,
> Infelix Phaeton *penitùs penitùs*que jacentes,
> Palluit. *Ov.*

Orphée pleurait sa tendre Eurydice ; un seul mot, répété quatre fois, nous montre l'unique objet de sa pensée et la continuité de ses regrets :

> *Te,* dulcis conjux, *te,* solo in littore secum,
> *Te,* veniente die, *te,* decedente, canebat. *Virg.*

C'est encore au moyen de la répétition que Virgile peint la joie des Troyens, au moment où ils aperçoivent l'Italie :

Jamque rubescebat stellis Aurora fugatis,
Quùm procul obscuros colles humilemque videmus
Italiam. *Italiam* ! primus conclamat Achates ;
Italiam ! lætô socii clamore resultant.

De la comparaison.

La *comparaison* rapproche deux objets à cause de leur ressemblance, et exprime les rapports qu'ils ont entre eux. Les comparaisons font un des plus beaux ornemens de la poésie ; elles doivent être claires, justes, nobles et expressives. Elles peuvent avoir plus ou moins d'étendue ; nous citerons quelques exemples.

Le cheval construit par les Grecs au siége de Troie est comparé à une montagne :

Instar montis equum divinâ Palladis arte
Ædificant. *Virg.*

Aceste lance une flèche qui s'enflamme dans les airs ; Virgile la compare à une étoile filante :

Namque volans liquidis in nubibus arsit arundo,
Signavítque viam flammis, tenuesque recessit
Consumpta in ventos ; cœlo ceu sæpè refixa
Transcurrunt, crinemque volantia sidera ducunt.

Virgile peint le corps du jeune Pallas, au moment où il est placé sur un lit de verdure pour être porté à son malheureux père :

Qualem virgineo demessum pollice florem
Seu mollis violæ, seu languentis hyacinthi
Cui neque fulgor adhuc, necdùm sua forma recessit ;
Non jam mater alit tellus, viresque ministrat

Le courage et la fierté de Pyrrhus sur le seuil du palais de Priam, éclatent dans la comparaison suivante :

Vestibulum antè ipsum, primoque in limine Pyrrhus
Exsultat, telis et luce coruscus ahenâ.
Qualis ubi in lucem coluber, mala gramina pastus,
Frigida sub terrâ tumidum quem bruma tegebat,
Nunc positis novus exuviis, nitidusque juventâ
Lubrica convolvit, sublato pectore, terga
Arduus ad solem, et linguis micat ore trisulcis. *Virg.*

De l'antithèse.

L'*antithèse* oppose les mots aux mots et les pensées aux pensées.

Oderunt hilarem tristes, tristemque jocosi,
Sedatum celeres, celerem gnavumque remissi. *Hor.*
Difficilis, facilis, jucundus, acerbus es idem;
Nec tecum possum vivere, nec sine te. *Mart.*

Les antithèses donnent beaucoup d'agrément au discours; mais elles doivent être simples, naturelles, et ne rien offrir qui sente la recherche ou l'affectation.

De la métonymie.

La *métonymie* met le nom d'une chose pour celui d'une autre, à cause d'un rapport de dépendance qui existe entre les deux objets. Elle emploie à son gré,

1º La *cause* pour *l'effet :* ainsi les dieux du paganisme sont souvent nommés dans les poètes pour la chose à laquelle ils président :

At rubicunda *Ceres* medio succiditur æstu. *Virg.*
Bacchus amat colles. *Virg.*
.... Dedit ampla ruinam,
Vulcano superante, domus. *Virg.*

2° L'*effet* pour la *cause* :

.... Lethæi ad fluminis undam
Securos latices et longa *oblivia* potant. *Virg.*
.... Nudus
Arboris Othrys erat, nec habebat Pelion *umbras. Ov.*

3° Le *contenant* pour le *contenu* :

.... Ille impiger hausit
Spumantem *pateram*, et pleno se proluit *auro. Virg.*

4° La *matière* dont une chose est faite pour la *chose* elle-
même :

Tecti *auro*, fulvum mandunt sub dentibus *aurum. Virg.*
Inflavit quùm pinguis *ebur* Tyrrhenus ad aras. *Virg.*

5° Le *signe* pour la *chose signifiée* :

Antè focum, si frigus erit, si *messis*, in umbrâ. *Virg.*
Quidnam, *sceptra* juvant, totum invidiosa per orbem?
Cedant *arma togæ*, concedat *laurea* linguæ *Cic.*

6° Le nom *abstrait* pour le *concret* :

Gulæque credens colli *longitudinem. Ph.*
Hinc movet *Euphrates*, illinc *Germania* bellum. *Virg.*

7° Le *lieu* où la chose se fait pour la *chose* elle-même :

.... Annoso ne parce *Falerno. Mart.*

8° Le *possesseur* pour la *chose possédée* :

.... Jam proximus ardet
Ucalegon. *Virg.*

Ucalegon, pour le palais qu'il habite.

De la synecdoque.

Fondée sur un rapport de quantité, la *synecdoque* met le plus
pour le moins, ou le moins pour le plus : ainsi elle emploie,

1° Le *genre* pour l'*espèce* :

> .... Quid non *mortalia* pectora cogis,
> Auri sacra fames !

2° L'*espèce* pour le *genre* :

> Piscium et summâ genus hæsit *ulmo*,
> Nota quæ sedes fuerat *columbis*;
> Et superjecto pavidæ natârunt
> Æquore *damæ*. *Hor*.

L'ormeau, les colombes et les daims représentent ici toutes
les espèces d'arbres, d'oiseaux et d'animaux sauvages.

3° Un *nombre certain* pour un *nombre incertain* :

> *Mille* meæ Siculis errant in montibus agnæ. *Virg*.
> *Ter* conatus erat casus effingere in auro,
> *Ter* patriæ cecidêre manus. *Virg*.

4° La *partie* pour le *tout* :

> .... Vastis tremit ictibus ærea *puppis*. *Virg*.
> Quis desiderio sit pudor aut modus
> Tam cari *capitis*? *Hor*.

5° Le *tout* pour la *partie* :

> Aut *Ararim* Parthus bibet, aut Germania *Tigrim*. *Virg*.
> .... Gemuit sub pondere cymba
> Sutilis, et multam accepit rimosa *paludem*. *Virg*.

6° Le *singulier* pour le *pluriel*, et *vice versâ* :

> .... Et latè loca *milite* complent. *Virg*.
> .... Priami dùm *regna* manebant. *Virg*.

Le pluriel au lieu du singulier donne plus de dignité à la personne qui parle. Écoutez Didon, sur le point de se donner la mort :

              . . . . Moriemur inultæ,
Sed moriamur, ait. *Virg.*

Nota. Il faut prendre garde que le changement de nombre ne nuise pas au sens.

De la métaphore.

La *métaphore* met le nom d'une chose pour celui d'une autre, à cause d'un rapport de ressemblance qui existe entre les deux ; elle n'est donc qu'une comparaison abrégée. Cette figure est d'un usage très-fréquent dans la poésie, qui lui doit ses plus grandes beautés. Elle relève les pensées les plus communes, et nous rend sensibles les idées purement intellectuelles, en les comparant aux objets physiques :

. . . . Magno curarum *fluctuat* æstu. *Virg.*
Invadunt urbem somno vinoque *sepultam*. *Virg.*
. . . . Si carmina condes,
Nunquàm te fallant animi sub *vulpe* latentes. *Hor.*

Le trouble d'un cœur agité, le sommeil profond de l'ivresse, les ruses trompeuses des flatteurs, tout est heureusement exprimé dans les vers précédens, au moyen de la métaphore.

L'usage de cette figure doit être renfermé dans de justes bornes. Il faut éviter toute métaphore qui serait forcée ou peu naturelle.

De l'allégorie.

L'*allégorie* n'est qu'une métaphore continuée. Elle a lieu lorsque dans un passage tout est exprimé dans le sens métaphorique et rien dans le sens naturel :

. . . . Aurea fruges
Italiæ pleno diffudit copia cornu. *Hor.*

Nec dives nec pauper sum. Horace revêt cette pensée d'une allégorie où il ne s'agit ni de richesse ni de pauvreté :

> Non agimur tumidis velis Aquilone secundo,
> Non tamen adversis ætatem ducimus austris.

Les proverbes ne sont ordinairement qu'une courte allégorie :

> Quid te exempta juvat spinis de pluribus una ? *Hor.*
> Claudite jam rivos, pueri, sat prata biberunt. *Virg.*

Quelquefois on trouve des pièces entièrement allégoriques. Telle est cette ode d'Horace où la république est représentée sous l'emblème d'un vaisseau :

> O navis referent in mare te novi
> Fluctus, etc.

§ 5. — DE L'HARMONIE.

L'harmonie est cette beauté de style qui résulte du choix des sons et des différentes coupes de la phrase. Si l'harmonie est nécessaire à la prose, elle l'est bien plus encore à la poésie, qui aime tant à peindre la nature et à flatter l'oreille.

On distingue l'harmonie *mécanique* et l'harmonie *imitative :* l'une doit régner habituellement dans le discours, l'autre n'y est admise que par intervalles, et dans certains cas particuliers où le sujet s'y prête. Nous suivrons cette division, en faisant connaître dans les deux espèces d'harmonie les différens effets qui peuvent résulter du choix des mots et des coupes de la phrase.

Harmonie mécanique.

L'harmonie mécanique consiste dans un choix et un arrangement de mots qui flattent agréablement l'oreille.

Choix des mots.

> Il est un heureux choix de mots harmonieux ;
> Fuyez des mauvais sons le concours odieux.

Le vers le mieux rempli, la plus noble pensée
Ne peut plaire à l'esprit quand l'oreille est blessée. *Boileau.*

Prenons une pensée développée par deux poètes d'un mérite bien différent, Ennius et Virgile. L'un s'exprime avec sa rudesse habituelle, l'autre avec tous les charmes de son style; la comparaison des deux passages nous fera sentir le prix de l'harmonie. Il s'agit de l'inconstance de la fortune :

.... Multa dies in bello conspicit unus,
Et multæ rursùs fortunæ fortè recumbunt :
Haudquaquàm quemquam semper fortuna secuta est. *Enn.*

Multa dies variusque labor mutabilis ævi
Rettulit in melius ; multos alterna revisens
Lusit, et in solido rursùs Fortuna locavit. *Virg.*

Il est plus aisé de sentir l'harmonie que d'en donner des règles : nous nous bornerons ici à faire quelques observations sur les défauts que l'on doit éviter.

1º L'oreille demande qu'on ne place point de suite deux mots qui rimeraient ensemble, surtout si la dernière syllabe de ces deux mots servait de césure :

Quis tamen exiguos elegos emiserit auctor. *Hor.*

Observons que lorsque les deux syllabes appartiennent à différens cas, l'assonnance peut ne pas être choquante :

..... Explé*tus* dapi*bus*, vinoque sepultus. *Virg.*

2º Le retour trop fréquent des mêmes lettres, ou des lettres qui ont à peu près le même son, produit une monotonie désagréable :

Turpe es*t* vir*t*utem *ded*i*d*icisse *d*atam. *Prud.*

3º Le milieu et la fin de l'hexamètre ne doivent pas rimer ensemble. Les vers où ce défaut se trouve sont appelés *léonins* :

Ora cita*torum* dextrà contorsit e*quorum*. *Virg.*
Si Trojæ *fatis* aliquid restare pu*tatis*. *Ov.*
... I, *verbis* virtutem illude super*bis*. *Virg.*

Cependant on trouve fréquemment dans les poètes des vers *demi-léonins* où la rime est peu exacte. Cette assonnance ne blesse pas l'oreille, surtout lorsqu'il s'agit d'une épithète rimant avec son substantif :

> Signat cuncta man*u*, loquitur Polyhymnia gest*u*. *Aus.*
> Aspice demiss*os* lugentis more capill*os*. *Ov.*
> Sic mea perpetu*is* liquefiunt pectora cur*is*. *Ov.*

Il ne faut pas que dans deux vers consécutifs la fin du premier rime avec le milieu ou la fin du second :

> Canitiem immundo deformat pulver*e*, et amb*as*
> Ad cœlum tendit palm*as*. *Virg.*
> Necnon Tarquinium ejectum Porsenna jub*ebat*
> Accipere, ingentique urbem obsidione prem*ebat*. *Virg.*

La rime ne doit pas se trouver non plus au milieu des deux vers :

> Nascenti cui tres animas Feronia mat*er*
> (Horrendum dictu!) ded*erat*; terna arma movend*a*,
> Ter letho sternendus *erat*. *Virg.*

Le vers pentamètre dont le milieu et la fin riment ensemble n'offre rien de désagréable, pourvu qu'il ne se présente pas trop souvent. Les bons poètes paraissent n'avoir fait aucun effort pour éviter cette consonnance. On peut en juger par les vers suivans, où un simple déplacement de mots aurait fait éviter le vers léonin :

> Quærebant flav*os* per nemus omne fav*os*. *Ov.*
> Nec desunt comit*es*, sedula turba, can*es*. *Ov.*
> Et queritur vitul*um* mater abesse su*um*. *Ov.*
> Nec sterilis culto surgat avena solo. *Ov.*

4°. On ne doit pas mettre trop de monosyllabes de suite, comme dans le vers suivant :

> Sed vereor *ne cui de te plus quàm* mihi cred*as*. *Hor.*

Coupes de la phrase.

Tout discours est coupé par des repos. La poésie surtout présente deux sortes de repos : les repos *artificiels* et les repos *naturels*.

Les repos artificiels ne dépendent que de la mesure. Chaque vers hexamètre en renferme deux; l'un se trouve à la fin et l'autre au milieu du vers, qui est ainsi coupé en deux hémistiches à peu près égaux. Les repos artificiels donnent de l'harmonie au vers, et en facilitent la prononciation :

Infandum, regina, jubes | renovare dolorem, |
Trojanas ut opes | et lamentabile regnum |
Eruerint Danai. | *Virg.*

Les repos naturels, au contraire, ne dépendent que du sens. Essentiels pour la clarté du style, ils peuvent être placés dans toute l'étendue du vers et coïncider avec les repos artificiels. Distribués avec art, ils sèment une heureuse variété dans le discours :

Armorum sonitum toto Germania cœlo
Audiit; | insolitis tremuerunt motibus Alpes. |
Vox quoque per lucos vulgo exaudita silentes
Ingens, | et simulacra modis pallentia miris
Visa sub obscurum noctis; | pecudesque locutæ; |
Infandum! | sistunt amnes, | terræque dehiscunt;
Et mœstum illacrymat templis ebur, | æraque sudant. *V.*

Toutes les phrases ne sauraient être d'une même longueur. Quelquefois la pensée sera renfermée dans un seul vers; plus souvent elle en embrassera deux, trois, quatre; elle peut même s'étendre à un plus grand nombre : cependant il faut mettre des bornes à la période poétique; trop de longueur fatiguerait l'oreille et l'esprit.

On ne pourrait éviter la monotonie si la phrase finissait constamment avec le vers. Le sens doit être coupé ou suspendu, tantôt au commencement du vers, tantôt vers le milieu, et tantôt vers la fin.

Lorsque le sens de la phrase reste suspendu à la fin d'un vers, et qu'il n'est complété que dans le vers suivant, il y a *enjambement*. L'enjambement favorise extrêmement la variété des coupes , et donne lieu à des combinaisons sans nombre. En voici quelques exemples :

> Continuò venti volvunt mare , magnaque surgunt
> Æquora; | dispersi jactamur gurgite vasto. *Virg.*
> Sic animis juvenum furor additus. Inde lupi ceu
> Raptores , | atra in nebula , quos improba ventris
> Exegit cæcos rabies; | catulique relicti
> Faucibus exspectant siccis : | per tela, per hostes
> Vadimus haud dubiam in mortem , | mediæque tenemus
> Urbis iter : | nox atra cava circumvolat umbra. *Virg.*
> . . . . Pictoribus atque poetis
> Quidlibet audendi semper fuit æqua potestas. | *Hor.*

Harmonie imitative.

L'harmonie imitative consiste dans la conformité des sons avec le caractère des objets que l'on veut représenter. Le son, dit Pope, doit paraître l'écho du sens qu'il s'agit d'exprimer. Le passage où le poète anglais a développé cette pensée est ainsi traduit par Delille :

> Peins-moi légèrement l'amant léger de Flore;
> Qu'un doux ruisseau murmure en vers plus doux encore.
> Entend-on de la mer les ondes bouillonner,
> Le vers comme un torrent en roulant doit tonner.
> Qu'Ajax soulève un roc et le lance avec peine,
> Chaque syllabe est lourde et chaque mot se traîne.
> Mais vois d'un pied léger Camille effleurer l'eau,
> Le vers vole et la suit aussi prompt que l'oiseau.

Ainsi l'harmonie imitative se plaît à rassembler tour à tour les mots les plus légers ou les plus pesans, les plus doux ou les plus durs, les plus lents ou les plus rapides, suivant l'objet qu'elle se propose de peindre.

Choix des mots.

Au moyen des mots choisis avec art, on peint les sons, le mouvement, la manière d'être ou d'agir, les pensées et les sentimens.

1° *Les sons.* Les *r* multipliés, les élisions rudes servent à rendre les sons aigres et durs :

> Tùm ferri rigor et argutæ lamina serræ. *Virg.*
> Tùm demùm horrisono stridentes cardine sacræ
> Panduntur portæ. *Virg.*

Les *m*, le *n* nasal, les syllabes aux sons graves et sourds font entendre le bruit des vents et des tempêtes :

> Intereà magno misceri murmure pontum
> Emissamque hiemem sensit Neptunus. *Virg.*
> Nunc nemora ingenti vento, nunc littora plangunt. *Virg.*
> Luctantes ventos tempestatesque sonoras. *Virg.*

Le son d'une voix nasillarde est très-bien rendu dans le vers suivant :

> Rancidulum quiddam balbâ de nare locutus. *Pers.*

Il est des mots imitatifs qui font entendre à eux seuls le son que produisent certains objets :

> Tam multa in tectis *crepitans* salit horrida grando. *V.*
> Atque levem stipulam *crepitantibus* urere flammis. *Virg.*
> .... *Stridentia* plaustra. *Virg.*
> .... Horrendaque *sibila* tollit. *Ov.*
> Nocte sonat Rhodope *tinnitibus* æris acuti. *Ov.*

2° *Le mouvement.* Les spondées, les syllabes chargées de consonnes, expriment très-bien la pesanteur et la lenteur :

> Illi alternantes multâ vi prælia miscent. *Virg.*
> Illi inter sese multâ vi brachia tollunt. *Virg.*
> Immanem Teucri molem volvuntque ruuntque. *Virg.*

Le choc des voyelles et le retour des sons semblables nous montrent dans le vers suivant le mouvement des gueules de l'hydre, qui tour à tour s'ouvrent et se referment :

> Quinquaginta atris immanis hiatibus hydra. *Virg.*

Les dactyles, les *l* ou les *t* multipliés donnent au vers de la légèreté et de la vitesse :

> Frigidus, ô pueri, fugite hinc, latet anguis in herbâ. *V.*

Virgile peint ainsi la rapidité de l'aquilon :

> Ille volat, simul arva fugâ, simul æquora verrens.

Le galop du cheval :

> Quadrupedante putrem sonitu quatit ungula campum.

3° *La manière d'être ou d'agir.* Des mots identiques, opposés l'un à l'autre, vont nous présenter l'image d'un combat :

> .... Trojanæ *acies*, *acies*que Latinæ
> Concurrunt, hæret *pede pes*, densusque *viro vir*. *Virg.*
> *Pectora pectoribus* rumpunt. *Virg.*

On sent, plus qu'on ne peut l'exprimer, tout ce que le vers suivant a d'imitatif :

> Stat sonipes, et fræna ferox spumantia mandit. *Virg.*

Les consonnes douces et coulantes, les syllabes où les voyelles abondent, les *a* multipliés, peignent la grâce et la douceur :

> Seu mollis violæ, seu languentis hyacinthi. *Virg.*
> Pascitur in magnâ silvâ formosa juvenca. *Virg.*
> Lanea dum niveâ circumdatur infula vittâ. *Virg.*

Les spondées, les syllabes rudes et chargées de consonnes, les élisions dures ou nombreuses, quelquefois même le défaut d'élision, marquent la peine et l'effort :

> Mult*um* adeò rastris glebas qui frangit inertes
> Vimineasque trahit crates, juvat arva. *Virg.*

Ergò ægrè terram rastris rimantur. *Virg*.
Fama est Enceladi semiustum fulmine corpus
Urgeri mole hâc. *Virg*.
Ter sunt conati imponere Peliŏ Ossam. *Virg*.

Un monosyllabe à la fin du vers peint certains objets d'une manière pittoresque :

Volvitur intereà cœlum, ruit Oceano *nox*. *Virg*.
Parturiunt montes, nascetur ridiculus *mus*. *Hor*.
Hàc rabiosa fugit canis, hàc lutulenta ruis *sus*. *Hor*.
Sternitur, exanimisque tremens procumbit humi *bos*. *V*.
.... Insequitur cumulo præruptus aquæ *mons*. *Virg*.

La syllabe qui prolonge le vers hypermètre peut produire un effet semblable :

Et magnos membrorum artus, magna ossa lacerto*sque*
Exuit. *Virg*.
Quos super atra silex jamjam lapsura, cadenti*que*
Imminet assimilis. *Virg*.

4° *Les pensées et les sentimens*. Les sons faibles et sourds, les longs mots, les spondées, conviennent à la tristesse et à la douleur :

.... It tristis arator,
Mœrentem abjungens fraternâ morte juvencum. *Virg*.
Extinctum Nymphæ crudeli funere Daphnim
Flebant. *Virg*.
Amissum Anchisen flebant, cunctæque profundum
Pontum aspectabant. *Virg*.

La joie douce veut des sons doux et coulans; la vive allégresse en veut de pleins, de hardis et de rapides.
Virgile peint la joie du corbeau à la naissance d'un beau jour :

.... Sæpè, cubilibus altis,
Nescio quà præter solitum dulcedine læti,
Inter se foliis strepitant; juvat, imbribus actis,
Progeniem parvam dulcesque revisere nidos.

Le même poète nous montre l'allégresse des Troyens abordant en Italie :

>. . . . . Juvenum manus emicat ardens
> Littus in Hesperium.

Coupes de la phrase.

La coupe des phrases peut être d'un grand effet pour l'harmonie imitative. Elle forme la cadence *suspendue* et la cadence *brisée*.

La cadence suspendue résulte des repos artificiels. Virgile peint le dieu du tonnerre au sein d'un orage :

> Ipse pater mediâ — nimborum in nocte, coruscâ —
> Fulmina molitur dextrâ ; quo maxima motu —
> Terra tremit : fugere feræ, et mortalia corda —
> Per gentes humilis stravit pavor. Ille flagranti —
> Aut Atho, aut Rhodopen, aut alta Ceraunia telo —
> Dejicit. *Virg.*

On voit ici plusieurs exemples de cadence suspendue. Ces repos servent tous à effrayer l'imagination, et rendent plus frappantes les circonstances qui accompagnent un orage. Les deux derniers surtout, *Ille flagranti... Ceraunia telo.* . imitent ces instans d'affreux silence qui précèdent un coup de foudre.

La cadence brisée résulte des repos naturels qui surviennent dans le corps du vers.

Un repos qui survient après un dactyle au commencement du vers, sert à peindre un mouvement brusque, une chute précipitée :

> Ipse inter primos præstanti corpore Turnus
> Vertitur. *Virg.*
> Natorum Tyrrhei fuerat qui maximus Almon
> Sternitur. *Virg.*
> Ipse gravis graviterque ad terram pondere vasto
> Concidit. *Virg.*

Si ce repos arrive après le premier hémistiche, il peut produire encore un effet frappant :

.... Ea lapsa repentè ruinam
Cum sonitu trahit. *Virg.*
.... Aridus altis
Montibus audiri-fragor. *Virg.*

Lorsque le sens est coupé après un spondée ou une syllabe
longue, l'image est moins vive ; et ce repos, surtout lorsqu'il
survient vers le commencement du vers, exprime facilement la
lenteur, la difficulté, la majesté, la tristesse :

Corripit Æneas subitò, avidusque refringit
Cunctantem. *Virg.*
Saxum ingens volvunt alii, radiisque rotarum
Districti pendent. *Virg.*
............-...... Jacuitque per antrum
Immensus. *Virg.*
Nec minùs intereà Misenum in littore Teucri
Flebant. *Virg.*
Collapsos cineres atque arma cruenta cerebro
Sternit humi moriens. *Virg.*

Quelquefois le repos ne se trouve qu'au quatrième ou au cinquième pied. Cette coupe tient l'esprit en suspens, et donne au
vers une marche grave et imposante :

In chaos antiquum confundimur. *Virg.*
Olli summum ingens rupit pavor. *Virg.*
Æneas scopulum intereà conscendit, et omnem
Prospectum pelago latè petit. *Virg.*

Nous avons indiqué les principales sources de l'harmonie soit
mécanique, soit imitative. L'étude des bons poètes, le sentiment
et le goût en apprendront sur cette matière plus que les règles.

CHAPITRE III.

DES LICENCES.

Pour donner plus de facilité à la versification, on permet à la poésie de s'écarter quelquefois des règles imposées au langage ordinaire, et de violer certaines lois de la mesure. De là deux sortes de licences : les unes ont rapport à la prosodie, les autres à la grammaire. Nous ferons connaître les principales (1).

§ 1. — LICENCES RELATIVES A LA PROSODIE.

Changement de brèves en longues.

Les poètes allongent certaines syllabes brèves, en redoublant une consonne ; cette licence se borne à un petit nombre de mots : *relligio*, *relliquiæ*, *repperit*, *reppulit*, *rettulit*, etc.

> Sunt alii quos ipse viâ sibi rēpperit usus. *Virg*.
> Hâc casti maneant in rēlligione nepotes. *Virg*.

Nous avons déjà dit (page 69) qu'une syllabe brève est quelquefois allongée par la césure. Lorsque dans une énumération il se trouve plusieurs *que*, on peut se permettre cette licence à l'égard du premier :

> Lappæquē tribulique absint. *Virg*.
> Sideraquē ventique nocent, avidæque volucres. *Virg*.

Assez souvent une voyelle finale, brève de sa nature, devient longue devant un mot qui commence par deux consonnes. On

---

(1) Les élèves devront éviter les licences que nous désignerons comme rarement employées par les poètes. Ils pourront se permettre les autres avec les restrictions qui seront indiquées.

peut user de cette licence, pourvu que les deux consonnes ne
soient pas une muette et une liquide :

Ferte citi ferrum , date telā , scandite muros. *Virg.*
Nulla fugæ ratio , nullā spes , omnia muta. *Cat.*

Changement de longues en brèves.

E crément des verbes est fréquemment abrégé au parfait de
l'indicatif. Il paraît que cette quantité peut être suivie pour tous
les parfaits où la syllabe qui précède le crément est brève : *pro-
fuerunt, steterunt, miscuerunt, annuerunt, audierunt :*

Obstupui , stetĕruntque comæ , et vox faucibus hæsit. *Virg*
Miscuĕruntque herbas, et non innoxia verba. *Virg.*
Matri longa decem tulĕrunt fastidia menses. *Virg.*
.... Molle atque facetum
Virgilio annuĕrunt gaudentes rure Camœnæ. *Hor.*

Elision omise.

Comme on l'a déjà vu (*Harmonie imitative*), les poètes vio-
lent quelquefois la loi de l'élision. On trouve même, quoique
très-rarement , une voyelle finale, longue de sa nature , abrégée
devant la voyelle suivante, comme si les deux mots étaient réunis en un seul :

Nomen et arma locum servant. Tĕ, amice, nequivi
Conspicere. *Virg.*

Par une licence plus rare encore, *m* final n'est point élidé , et
alors la voyelle précédente compte pour brève :

Insignita ferè tunc millia militŭm octo. *Enn.*

Contraction.

Outre les mots que nous avons indiqués (*Quantité*, *règ.* 3),
il en est quelques autres que l'on peut contracter : *tæniis*, *tenuis*,
aureo, *ferreo*, *Ilionei*, *Orphea* et autres mots semblables :

Puniceis ibant evincti tempora tæniīs. *Virg*.
Troas relliquias Danaûm atque immitis Achilleī. *Virg*.
Hic finis fandi : solio tùm Jupiter aureō
Surgit. *Virg*.
Ferreïque Eumenidum thalami. *Virg*.

Vers spondaïque, vers hypermètre.

On doit compter au nombre des licences le vers spondaïque
et le vers hypermètre, dont nous avons déjà fait connaître la
nature et l'usage.

Le vers spondaïque ne peut être admis que lorsqu'il sert à
l'harmonie imitative.

On peut employer le vers hypermètre, 1° lorsque la syllabe
finale est une enclitique ; 2° lorsqu'il contribue à l'harmonie
imitative. Dans tous les cas, le vers suivant doit commencer par
une voyelle, et il ne doit pas exister de repos naturel entre les
deux :

Sternitur infelix alieno vulnere, cœlum*que*
Aspicit, et dulces moriens reminiscitur Argos. *Virg*.
Inseritur verò ex fœtu nucis arbutus *horrida*,
Et platani. *Virg*.

§ 2. — LICENCES RELATIVES A LA GRAMMAIRE.

Déplacemens ou transpositions.

La poésie autorise quelques déplacemens de mots qui ne sont
point usités dans la prose ; ainsi :

1° Les conjonctions, les adjectifs conjonctifs, au lieu d'être

placés au commencement de la phrase , peuvent se trouver après
un ou plusieurs mots :

Radit iter liquidum , celeres *neque* commovet alas. *Virg.*
Fare age , quid venias? jam isthinc *et* comprime gressum. *V.*
Ridetur chordâ *qui* semper oberrat eâdem. *Hor*
Fingere *qui* non visa potest , commissa tacere
Qui nequit : hic niger est , hunc tu Romane , caveto. *Hor.*
Punica se *quantis* attollet gloria rebus ! *Virg.*
Namque sub ingenti lustrat *dùm* singula templo. *Virg.*
O mihi præteritos referat *si* Jupiter annos. *Virg.*

Il en est de même des adverbes de lieu et de quelques inter-
jections :

Petamus arva , divites et insulas
Reddit *ubi* Cererem tellus inarata quotannis. *Hor.*
Itur ad Herculei gelidas *quà* Tiburis arces. *Mart.*
Fecissentque *utinàm ! Virg.*

Nous ferons observer ici que les commençans déplacent trop
souvent l'enclitique *que.* En général elle doit se trouver après
le mot devant lequel on mettrait la conjonction *et* dont elle
tient la place.

Les prépositions peuvent être placées élégamment entre l'épithète et le régime , ou bien entre le régime et l'épithète :

Hæc ait , et medius densos prorumpit *in* hostes. *Virg.*
Hostis habet muros : ruit alto *à* culmine Troja. *Virg.*
Urbs antiqua ruit , multos dominata *per* annos. *Virg.*
. . . . Vespere *ab* atro
Consurgunt venti. *Virg.*
Aut Idà *in* magná radicibus eruta pinus. *Virg.*

Les prépositions suivantes , *per, inter, præter, sine, circùm,
citrà* peuvent se mettre après leur régime , lors même qu'il ne
serait pas accompagné d'une épithète :

Quos *inter* medius venit furor. *Virg.*
Non lupus insidias explorat ovilia *circùm.*
. . . . Erratque aures et tempora *circùm*
Crebra manus , duro crepitant sub vulnere malæ. *Virg.*
. . . . Natus mare *citrà. Hor.*

Il faut prendre garde que ces sortes de transpositions ne rendent pas le sens obscur, ni la construction choquante.

On divise certains mots composés, en séparant les deux parties par un ou plusieurs mots. Tels sont surtout *antequàm*,
priusquàm, *quicumque*, *quilibet*, *unusquisque*, *quocumquè*
quousquè, *hactenùs*, et les verbes dans la composition desquels
entrent les prépositions *circùm*, *præ*, *super :*

> *Antè* novis rubeant *quàm* prata coloribus , *antè*
> Garrula *quàm* tignis nidum suspendat hirundo. *Virg.*
> *Qui* testamentum tradet tibi *cumque* legendum ,
> Abnuere , et tabulas à te removere memento. *Hor.*
> *Quò* res *cumque* cadent, unum et commune periclum. *V.*
> Quæ finis standi ? *quò* me decet *usquè* teneri ? *Virg.*
> *Hàc* trojana *tenùs* fuerit fortuna secuta. *Virg.*
> .... Collo *dare* brachia *circùm*. *Virg.*
> Nascere, *præque* diem *veniens* age, Lucifer, almum. *V.*
> Jamque adeò *super* unus *eram*. *Virg.*

Additions et suppressions.

Les poètes ajoutent ou suppriment des prépositions, contraire-
ment aux usages de la prose :

> Tecti auro, fulvum mandunt *sub* dentibus aurum. *Virg.*
> Jam senior, madidâque fluens *in* veste Menœtes. *Virg.*
> Spem vultu simulat, premit altum corde dolorem. *Virg.*
(au lieu de *in vultu*, *in corde*.)
> Troes te miseri , ventis maria omnia vecti,
> Oramus. *Virg.*
(*per maria omnia*.)
> Tollite me , Teucri, quascumque abducite terras. *Virg.*
(*in quascumque terras*.)
> Itque reditque viam. *Virg.*
(*in viam*.)
> .... Munera vobis
> Certa manent, pueri, et palmam movet ordine nemo. *Virg.*
(*ex ordine*.)

Les noms de la deuxième déclinaison dont le génitif est en *ii*, tels que *genius*, *ingénium*, contractent ce génitif en *i*, *geni*, *ingeni* :

       . . . . In regna *Lavini*
   Dardanidæ venient. *Virg*.
   Pauperis et *tuguri* congestum cespite culmen. *Virg*.

Certains génitifs pluriels en *orum*, et quelques autres en *arum* pour les noms masculins, se contractent en *ûm*. Ainsi l'on dit *superûm*, *Deûm*, *Divûm*, *virûm*, *equûm*, *Danaûm*, *Graiûm*, *Teucrûm*, *Dardanidûm*, *Æneadûm*, *cælicolûm*, *Lapithûm*, au lieu de *superorum*, *Deorum*, etc. On contracte également en *ûm* les génitifs en *ium* de tous les adjectifs et de tous les participes en *ans* ou en *ens* : *palantûm*, *prudentûm*, *amantûm*, *rudentûm*, au lieu de *palantium*, etc. Les autres génitifs en *ium* subissent rarement cette contraction :

   Tum plausu fremituque virûm, studiisque *faventûm*
   Consonat omne nemus. *Virg*.
   . . . . Mars perdere gentem
   Immanem *Lapithûm* valuit. *Virg*.
   Hinc exaudiri gemitus, iræque leonum
   Vincla *recusantûm* et serâ sub nocte *rudentûm*. *Virg*.

Dans quelques noms de la 2ᵉ déclinaison terminés en *ulum*, on peut retrancher l'*u* de la pénultième : *periclum*, *vinclum*, *gubernaclum*, *seclum*, au lieu de *periculum*, *vinculum*, etc. Mais cette syncope ne peut avoir lieu dans tous les mots semblables ; il faut s'en tenir aux exemples consacrés par l'usage :

   O tandem magnis pelagi defuncte *periclis!* *Virg*.
   Ipse *gubernaclo* rector subit. *Virg*.
   Aspice venturo lætentur ut omnia *seclo*. *Virg*.

Virgile a dit aussi *maniplus* pour *manipulus* :

   Immundi meminêre sues jactare maniplos.

Outre les syncopes que la prose admet dans les verbes, les poètes terminent en *ibam* au lieu de *iebam* les imparfaits de la 4ᵉ conjugaison : *audibam*, *servibant*, etc., au lieu de *audiebam*, *serviebant*. De même dans les composés de *positus*, ils retranchent l'*i* de la pénultième : *compostus*, *repostus*, etc., au lieu de *compositus*, *repositus* :

> *Lenibat* dictis animum ; lacrymasque ciebat. *Virg*.
> .... Manet altâ mente *repostum*
> Judicium Paridis. *Virg*.

On trouve encore, quoique rarement :

Flesti		Flevisti,
Duxti		Duxisti,
Direxti		Direxisti,
Dixti		Dixisti,
Percusti		Percussisti,
Consumpsti		Consumpsisti,
Accestis		Accessistis,
Remôrant		Removerant,
Decrêras		Decreveras,
Evasset		Evasisset,
Extinxem	POUR	Extinxissem,
Vixet		Vixisset,
Surrexe		Surrexisse,
Traxe		Traxisse,
Divisse		Divisisse,
Concresse		Concrevisse,
Jusso		Jussero,
Reice		Rejice,
Porgite		Porrigite,
Surpite		Surripite.

> Dardana qui Paridis *direxti* tela manusque. *Virg*.
> *Extinxi* te meque, soror. *Virg*.
> .... Hunccine solem
> Tam nigrum *surrexe* mihi. *Hor*.
> Tytire, pascentes à flumine *reice* capellas. *Virg*.
> Cingite fronde comas, et pocula porgite dextris. *Virg*.
> .... Unum me surpite morti. *Virg*.

Il est permis de remplacer par une apostrophe l'*e* de *ne* interrogatif ; on peut même altérer la désinence du mot précédent ;

mais il faut user de cette licence avec réserve, et se borner aux
exemples que nous offrent les poètes :

Omnipotens genitor tanton' me crimine dignum! *Virg.*
..... *Viden'* ut geminæ stant vertice cristæ? *Virg.*

Quelquefois les poètes ajoutent *er* à l'infinitif passif ou dépo-
nent. Ils changent encore en *ai* le génitif en *æ* de la 1re déclinaison. Ce sont des formes anciennes qu'on ne doit pas employer :

. ... Tum Nisus et unà
Euryalus confestìm alacres *admittier* orant. *Virg.*
Ut primùm positis nugari Græcia bellis
Cœpit, et in vitium fortunâ *labier* æquâ. *Hor.*
.... Furit intùs *aquai*
Fumidus atque altè spumis exuberat amnis. *Virg.*
Dives equûm, dives *pictai* vestis et auri. *Virg.*

En changeant *v* en *u* on donne une syllabe de plus à certains
mots. Ainsi l'on dit *solui, dissolui, dissoluo,* pour *solvi,* etc.;
très-rarement *siluæ* pour *silvæ :*

Sit satis ornatus *dissoluisse* comæ. *Tib.*
Pristina vota novo munere *dissoluo. Cat.*

Autres changemens.

Les Latins, à l'exemple des Grecs, emploient le nominatif
au lieu du vocatif ; cette licence est rare :

Degener ò *populus ! Luc.*

On trouve à la 3e déclinaison l'ablatif avec la forme du datif,
et à la 4e, le datif avec la forme de l'ablatif :

Nunc torrete *igni* fruges, nunc frangite saxo *Virg.*
Nec minùs ex *imbri* soles et aperta serena
Prospicere, et certis poteris cognoscere signis. *Virg.*
Namque aliæ *victu* invigilant. *Virg.*
Fertur equis, *curruque* hæret resupinus inani. *Virg.*

La préposition *dùm* s'emploie très-souvent avec l'imparfait de l'indicatif :

.... Priami dùm regna *manebant. Virg.*

Un nom au génitif, régime d'un autre nom, peut avoir un sens actif :

Multa gemens ignominiam plagasque *superbi*
Victoris. Virg.
(*à victore illatas.*)
Nec minor *Euryali* cædes. *Virg.*
(*ab Euryalo facta.*)

Certains verbes actifs sont employés dans un sens réfléchi :

Franguntur remi, tùm prora *avertit*, et undis
Dat latus. *Virg.*
Æneas, quò deindè ruis? quò *proripis?* inquit. *Virg.*
Accingunt omnes operi. *Virg.*
Eripite, ò Socii ! *Virg.*
.. Venti posuêre. *Virg.*

Dans tous ces cas, le pronom qui donne au verbe un sens réfléchi est sous-entendu. On sent bien qu'on ne pourrait le supprimer indistinctement avec tous les verbes actifs.

On donne quelquefois à un gérondif un sens passif :

.... Alitur vitium, vivitque *tegendo. Virg.*
.... Nec mansuescit *arando. Virg.* (*Salsa tellus.*)

Du reste, il nous semble qu'on expliquerait mieux ce gérondif en lui conservant le sens actif, et en lui donnant pour régime le sujet du verbe qui précède : *illud tegendo, eam arando.*

Assez souvent les poëtes mettent au même cas; en les réunissant par une conjonction, deux substantifs dont le second devrait être mis au génitif ou remplacé par un adjectif :

Sanguine placastis ventos *et virgine cæsá. Virg.*
(*Sanguine virginis cæsæ.*)
In *partem prædamque* vocant. *Virg.*
(*In partem prædæ.*)
Munera lœtitiamque Dei. *Virg.*
(*Munera lœta.*)

D'autres fois ils intervertissent l'ordre des idées. On peut user de cette licence quand il s'agit d'exprimer plusieurs actions qui se succèdent rapidement :

> .....Moriamur, *et in media arma ruamus. Virg.*
> .... Signoque repentè
> Corripiunt spatia audito , *limenque relinquunt*
> Effusi nimbo similes , simul *ultima signant. Virg.*

Par hypallage , ils font rapporter à un substantif une épithète qui convient plutôt à un autre substantif renfermé dans la même phrase :

> Ibant *obscuri solá* sub nocte per umbram *Virg.*
> Tùm rapidus jamdudùm arcu *contenta parato*
> Tela tenens , fratrem Eurytion in vota vocavit. *Virg.*

L'expression la plus simple demanderait : Ibant *obscurá soli*, etc. Arcu *contento parata* tela tenens.

L'hypallage est assez fréquent chez les poètes. Il donne au langage une forme nouvelle qui ne pourrait convenir à la prose. Mais on doit l'employer avec discernement ; l'abus de cette figure nuirait à la justesse de la pensée et à la clarté du style.

FIN.

TABLE DES MATIÈRES.

IIIᵉ PARTIE.

DU STYLE POÉTIQUE.

FIN DE LA TABLE.

ERRATA.

— —

Page viii, *lignes* 15 et 16, le mot de brève, de longue ou de douteuse qui doit lui être assigné? *Lisez :* la qualité de brève, de longue ou de douteuse qui doit lui être assignée?

Page 21, *règle* 6, *ligne* 3, les cas des noms obliques, *lisez :* les cas obliques des noms et des adjectifs.

Page 47, *lignes* 10 et 11, dans les verbes dont la deuxième personne est un monosyllabe, si la première n'est pas en *o* pur, *lisez :* Dans les verbes dont la deuxième personne n'a qu'une syllabe, tandis que la première en a deux, si celle-ci n'est pas en *o* pur.

Page 43, *ligne* 2, corpus, ŏris, *lisez :* corpus, ŏris (les com paratifs exceptés).